INGRID VAN DEN PEEREBOOM

Peau à peau

Techniques et pratiques du portage

Illustrations de Corinne Alexandre

jouvence ÉDITIONS

COLLECTION
TROIS FONTAINES

Extraits du catalogue "Jouvence"
Le défi de l'adolescence, Don Dinkmeyer & Gary D. McKay, 2004
Panser l'impensable, Dr Fernande Amblard, 2003
Anthologie de l'allaitement maternel, Cl.-S. Didierjean-Jouveau, 2002
Le manuel de la parentalité, Don Dinkmeyer & Gary D. McKay, 2002
La santé naturelle de l'enfant, A. Passebecq & Y. Buyse, 2002
L'amour scientifié, Michel Odent, 2001
Vaccinations : le droit de choisir, Dr François Choffat, 2001
Pleurs et colères des enfants et des bébés, Aletha Solter, 1999

Extraits de la collection "Pratiques Jouvence"
Porter bébé, Claude-Suzanne Didierjean-Jouveau, 2006
L'enfant obèse, Dr Franck Senninger, 2005
Éduquer sans punitions ni récompenses, Jean-Philippe Faure, 2005
L'hygiène naturelle de l'enfant, Sandrine Monrocher-Zaffarano, 2005
Partager le sommeil de son enfant, Cl.-S. Didierjean-Jouveau, 2005
Les clés de l'harmonie familiale, Christel Petitcollin, 2004
Poser des limites à son enfant, Catherine Dumonteil-Kremer, 2004
Masser bébé, Rachel Izsak-Simonet, 2004
Allaiter, c'est bon pour la santé, Cl.-S. Didierjean-Jouveau, 2003
L'allaitement maternel, Claude-Suzanne Didierjean-Jouveau, 2003
Bien communiquer avec son enfant, Christel Petitcollin, 2003
L'enfant végétarien, Dr Franck Senninger, 2003
Pour une parentalité sans violence, Cl.-S. Didierjean-Jouveau, 2002
Relaxation et détente des enfants, Philippe Barraqué, 2001
Pour une naissance à visage humain, Cl.-S. Didierjean-Jouveau, 2000

CATALOGUE GRATUIT SUR SIMPLE DEMANDE
ÉDITIONS JOUVENCE
France : BP 90107 – 74161 St-Julien-en-Genevois Cedex
Suisse : CP 184 – 1233 Genève-Bernex
Site internet : *www. editions-jouvence.com*
E-mail : info@editions-jouvence.com

ISBN 978-2-88353-466-7

Composition : Nelly Irniger, Fillinges (74)
Couverture : Dynamic 19, Thonon-les-Bains (74)
Photo de couverture : Benjamin Kesteloot
Dessins intérieurs : Corinne Alexandre - corinnealexandre@peau-a-peau.be

Sommaire

Introduction 9

I • Le portage et le peau à peau 13
C'est en nous...13
Tous les bébés sont des experts en portage ! 15
Le portage plaisir, pour la mère, pour le père 18
Ce que "oui" veut dire..20
Un lien puissant 21
Un milieu sur mesure 22
Nous avons reçu une éducation distale 23
S'autoriser la confiance...24
Autres cultures, autres exigences ! 25
Aspects contextuels...27
Utiliser son corps 29
Aspects relationnels 31

II • (Re)découvrir l'empathie 33
Du portage *in utero* au portage aérien............................33
Le mouvement comme source de bien-être 34
La danse des hormones..35
L'empathie des chasseurs-cueilleurs.............................35
Bien s'attacher pour bien voler demain 36
L'appel des sens 37
Une découverte mutuelle 38
La communication tactile..39
L'ouverture au monde..40
Emploi du temps du petit enfant...................................40
Durée du portage...42
Sécurité sur la route 43
Un parent dynamique 44
Un petit porté actif 45

III • En pratique 47
Recherchez de bonnes sensations................................49
Contact intense, autonomie et liberté de mouvement....52
Postures du petit enfant...52
Prévention et rééducation de la hanche.........................58
Portage et allaitement 59

IV • Les porte-bébés 63
Les porte-bébés kangourou...64
Quelques porte-bébés traditionnels souples 66
Quelques porte-bébés actuels respectueux des corps 70
Le portage en double ou portage simultané 84
Des vêtements "bébé admis" 85
Portage et sommeil 87
Porter pendant la grossesse..89

V • De l'attachement, du plaisir et de la paix 91
Portage et adoption 91
Portage et mères aveugles 96
Portage en néonatalogie 98
L'attachement avec un enfant différent 105
Question de tonicité 109
Portage détente en pédiatrie 109
Le portage à la demande, puis à l'amiable 112
Le portage en crèche 112
• Portage, langage, développement cognitif, *par Marlène Wietrzykowski* 120

VI • Le portage au quotidien 125
Devenir grand frère ou grande sœur ou grand-parent... différemment 125
Faire le plein de sensations 127
Le bébé porté est un autre bébé 128
Reconnaître la primauté du lien maman-bébé et respecter leur ressenti 128
Soutenir sans s'immiscer 130
Le portage comme protection face aux intrusions 130
Faire équipe avec les parents pour soigner un enfant 131
Cessons de confondre séparation et intégration ! 132
Portage et travail 134
Être ensemble avant et après le travail 136
Être là autrement 137
Le plaisir du toucher 138
Porter ou poser bébé à la demande 139
Comment faire les gestes ? 140
Des jeux moteurs stimulants 142
Mélangeons les générations 146
Au début comme à la fin de l'existence 147
Une étude nous interpelle 148

VII • Apprendre à porter son enfant 151
Pas à pas 151
Parents sous surveillance 152
Prendre le temps d'apprendre.......................................153
Parler de portage, c'est bien ; le faire, c'est mieux ! 154
Participer à un cours de portage 155

Remerciements 157

Annexes
Glossaire visuel du portage 161
Bibliographie 167
L'association Peau à Peau 172
Adresses utiles 173
Notes 179

Lorsque les besoins du bébé sont comblés
dans la sécurité et l'amour,
celui-ci enracine son indépendance
sans aucune crainte d'être abandonné.

Catherine Dumonteil-Krémer[1]

Introduction

J'ai grandi dans le tabou du toucher, en ayant peur que l'amour de mes parents pour moi tarisse un jour. J'eus envie d'être mère et j'ai été confrontée à des mères qui avaient des difficultés à prendre plaisir à cette condition.

Je voudrais rendre hommage à celles qui n'ont reçu que des réponses de type technique en guise de soutien au moment où elles sont devenues mères et aucune aide lorsqu'elles ont exprimé leur souhait d'allaiter leur enfant.

Diverses rencontres et, bien sûr, celle ô combien particulière avec mes enfants, m'ont peu à peu donné confiance en moi. J'ai appris que j'avais un corps. Au fil des années, je me suis autorisée à ralentir le rythme de mes activités, à me fixer des priorités en fonction de ce que je ressentais, à écouter ce que mon corps avait à me dire. J'ai appris à allaiter mon bébé à la demande. Ou plutôt, mon aîné m'a montré de quoi il avait besoin.

La demande, ce n'était pas une horloge qui la formulait : c'était mon bébé. Faire confiance à ce qu'il exprimait, bien avant qu'il pleure, m'a aidée. Chacun de mes enfants m'a fait entrevoir des réalités que je ne pouvais soupçonner auparavant. Certains adultes aussi. L'allaitement et les contacts prolongés qu'il occasionne nous ont permis, à moi et à mes enfants, de nous retrouver par-delà la violence verbale ou physique qui m'avait un temps submergée, à une période où les défis s'ajoutaient à une grande solitude. J'ai appris à m'écouter et à écouter mes enfants. J'ai appris à parler avec mon bébé.

Aujourd'hui, je vois des adultes prévenir leur tout-petit avant toute action ou manipulation le concernant et je réalise combien il est doux d'être considéré de la sorte.

Des massages reçus fréquemment m'ont permis de dénouer des nœuds qui n'avaient pu être dénoués par l'écriture ou la parole. J'ai choisi un lieu de naissance où je me sens en sécurité, entourée physiquement et mentalement de sensations et d'êtres qui me font résolument du bien. La sage-femme qui m'accompagne veille, tout en intervenant le moins possible. J'ai fait une bulle, un nid pour la venue de mon enfant.

Peu d'entre nous, parents occidentaux, nous autorisons le contact en corps à corps avec l'enfant et envisageons le couple mère-bébé comme un couple de danseurs évoluant au fil des jours, des semaines, des mois, voire des années (un porte-bébé véritable vous accompagnera plusieurs années), telle une bulle qui danse, qui rebondit, qui change, deux passagers à son bord, à la découverte du monde.

Chaque naissance, chaque rencontre est l'occasion de surprenantes découvertes ! J'ai trouvé de quoi porter mon bébé essentiellement en peau à peau, tout contre moi. Le chemin est parfois sinueux qui mène un jour à la simplicité et à une naissance non dirigée où c'est bébé qui pousse et pas sa mère, et où cette mère n'est elle-même pas poussée par d'autres à pousser…

J'ai accouché de mon septième bébé debout, après avoir fait le travail accroupie dans l'eau. Il m'aura fallu tous ces accouchements pour trouver comment m'installer et laisser passer mon plus gros bébé tout en douceur.

J'ai perdu mes peurs grâce à la relaxation par autohypnose. Je n'ai pas cherché à prévoir le lieu précis, la position, la musique qui verrait venir mon enfant. J'avais plusieurs possibilités et je souhaitais laisser parler mon corps et celui de mon bébé.

Enfin, j'ai vécu la venue de mon enfant en étant dans mon corps. Étonnamment, je ne le refusais plus. J'acceptais le moment présent. Je vois une différence entre ma relation "assise" de maman allaitante avec mes aînés et une relation "en mouvement" de maman qui avait rencontré l'écharpe à partir de son quatrième enfant. J'aime mieux notre relation en mouvement. Et mes aînés, tout comme leurs cadets, ont bénéficié de cette nouvelle dynamique dans notre quotidien.

Je souhaite transmettre quelques petites choses dont j'ai été témoin et vous propose un mini-tour du monde effectué… chez nous, diverses rencontres avec des personnes de diverses cultures : parents, animateurs et professionnels de la naissance et de la petite enfance. Bref, des personnes concernées par les bébés, une sorte d'immersion à la rencontre de la relation parent-enfant, des désirs, des craintes, d'expériences diverses de personnes soucieuses du monde d'aujourd'hui et de ce que sera demain.

Merci à celles et à ceux qui proposent une aide à l'apprentissage du portage (vous trouverez leurs coordonnées en fin de livre), aide que cet ouvrage ne peut en aucun cas remplacer. Portez-vous bien !

Peau à peau

Oublier d'habiller son petit
Le prendre contre soi
Sous un vêtement ample et doux
S'autoriser la rencontre

(Ne pas s'y obliger non plus)

Si nous lui laissons le champ libre,
Si nous prenons le temps,
Ce petit être chaud peut nous bouleverser
Nous imprégner
Comme lui s'imprègne de nous

Nous touche
Nous sent
Nous goûte
Nous entend
Nous regarde

Et s'agrippe
A bras le corps

Que se poursuive la danse
Qui résonne depuis la nuit des temps.

Poème à quatre mains
Sandrine Fraikin et Ingrid van den Peereboom
(Fondatrices de l'association belge Peau à Peau)

I

Le portage et le peau à peau

C'est en nous

Certains petits d'animaux – mammifères ou autres – sont capables, dès la naissance, de suivre leurs parents par leurs propres moyens et restent en permanence à proximité de ceux-ci. Il s'agit par exemple des éléphants, des chevaux ou encore des canetons, qui éclosent couverts d'un duvet épais et sont, dès la naissance, à peu près aptes à courir ou à nager. Leur maturation corporelle est accomplie à la naissance. Leurs yeux et leurs conduits auditifs sont déjà ouverts. Leur apparence est telle qu'ils sont une copie miniature de leurs parents. Ces petits crient lorsqu'ils se sentent abandonnés. On les appelle "nidifuges". Les mammifères nidifuges reçoivent un lait qui les rassasie pour de courtes durées. Ils suivent leur mère partout.

D'autres petits naissent nus, les yeux et les conduits auditifs fermés. Ils présentent une légère ressemblance avec leurs parents et sont incapables de se déplacer. Ils se développent dans un nid où ils restent seuls, très calmes, pendant des heures, attendant que leurs parents reviennent les nourrir. C'est le cas des mésanges ou encore des chatons. On les appelle "nidicoles". Les mammifères de ce groupe tètent un lait riche en calories, qui les rassasie pour de longues durées.

En 1970, le Dr Hassenstein[2] a distingué une catégorie "mixte" de petits qui ne peuvent pas encore, ou seulement de façon insatisfaisante, se déplacer par eux-mêmes, comme les gorilles et les petits humains. Ces petits présentent à la naissance une maturation corporelle presque accomplie. Leurs yeux et leurs conduits auditifs sont déjà ouverts et ils sont une copie miniature de leurs parents. Ils réclament en permanence le contact ou la présence de leurs parents et ils crient lorsqu'ils se sentent abandonnés. Il s'agit de "petits portés". Les mammifères de ce groupe tètent un lait moins concentré en protéines et en lipides que celui des petits mammifères nidicoles. Ils ont besoin de tétées rapprochées.

Certains de ces "petits portés" sont des "petits bercés", en position fœtale au creux d'une poche, comme les kangourous, leur assise tout au fond de la poche à la fin de leur croissance, tandis que leurs pieds dépassent de la poche devant leur tête[3].

Faute de poche nourricière, d'autres petits portés ont recours à des réflexes archaïques pour s'accrocher au corps de leur mère et peuvent, de ce fait, être qualifiés de "petits portés actifs", même s'ils ont besoin d'aide pour se maintenir sur le corps de celle-ci. C'est le cas des petits humains. En l'absence de pelage, ceux-ci s'accrochent avec leurs cuisses, leurs bras, leurs doigts et s'équilibrent tandis que la mère vaque à ses activités. Les bébés humains sont, du point de vue de l'évolution biologique, constitués pour rester au chaud tout contre la personne qui prend soin d'eux et téter un lait fait pour être digéré à intervalles de courte durée[4]. La plupart du temps seuls dans une "portée", nos bébés

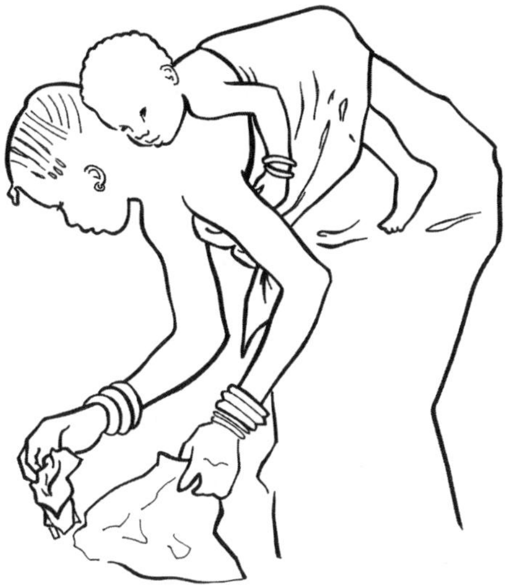

sont dotés de membres et de réflexes innés leur permettant de s'accrocher à l'adulte. Ils craignent la solitude et s'apaisent au contact de ceux qui s'occupent d'eux, particulièrement leur mère.

Tous les bébés sont des experts en portage !

Les petits singes s'agrippent au pelage de leur mère à l'aide de leurs quatre membres.

Evelin Kirkilionis[5], une éthologue humaine[6], nous apprend qu'au fil de l'évolution, les petits d'homme se sont "adaptés" à la hanche de leurs parents, sur laquelle ils s'installent, quelle que soit la culture environnante, avec ou sans porte-bébé pour les envelopper. Mieux, pour appréhender une situation nouvelle, un objet jusqu'alors méconnu, le tout-petit regroupe instinctivement ses quatre membres repliés pour se centrer sur cette rencontre. Si on le pose sur le dos ou si on le soulève, il plie et lève spontanément les jambes. Son corps est conçu et il est programmé pour s'accrocher à l'adulte qui s'occupe de lui, car sa survie en dépend. Lorsqu'il s'accroche en grenouille au corps d'un adulte de référence, son dos se courbe naturellement.

Cette posture en grenouille qu'adopte spontanément le petit humain à peine né est l'un des nombreux réflexes archaïques qui l'aident à prendre possession de son corps pour rencontrer la personne qui, la première, s'occupe de lui : sa mère. Autres réflexes : il s'agrippe avec ses mains et ses pieds et tous ses doigts. Comme le bébé singe qui s'accroche à la fourrure maternelle et ne tombe pas, il se cramponne[7]. Il est programmé pour s'accrocher à sa mère afin de se maintenir en vie dans un milieu adapté et accueillant pour le petit extraterrestre qu'il est. Il se love tout contre elle afin de lui faciliter les déplacements tandis qu'elle le porte. Sans en avoir l'air, il agit de façon formidablement adaptée à ce lieu de vie qu'est sa mère.

Les liens qui nous lient aux primates sont loin d'être abolis. Nos bébés sont des partenaires actifs, bien moins fragiles et passifs que nous le croyons. Les études menées par Blandine Bril[8] et ses collaborateurs montrent que le développement psychomoteur des bébés est plus précoce dans les cultures où on les porte en grenouille, posture qui leur permet de s'activer, à la mesure de leurs capacités, sur la hanche ou sur le dos du porteur. Bien entendu, il ne s'agit pas d'un concours. Mais il semble réaliste de penser que les positions de portage actif – l'enfant accroché à la hanche ou au dos du porteur et, par imitation, sur son ventre, les jambes écartées et relevées – favorisent le bien-être de ces bébés[9].

Au moment où il maîtrise la marche, sa colonne a acquis, au cours d'un développement en trois phases successives, un profil en double S[10]. À la naissance, le dos de l'enfant est tout arrondi : c'est la cyphose totale (cf. dessin). Après quelques semaines en position ventrale, il prend appui sur ses mains et redresse la tête : il acquiert la lordose cervicale. Il muscle ensuite le milieu du dos et apprend à s'asseoir ; c'est la cyphose thoracique. Enfin, il muscle le bas de son dos et accède à la marche ; il acquiert la lordose lombaire.

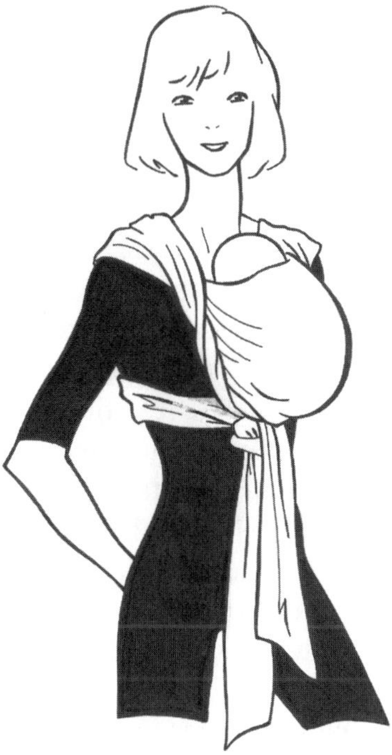

Pendant les premières semaines de vie, le dos arrondi, l'enfant se regroupe complètement pour appréhender toute nouveauté[11]. L'ouverture du corps, le déroulement de la colonne et l'allongement de ses jambes lorsqu'il est couché sur le dos pour le change et le repos ne correspondent pas réellement à ses besoins immédiats. Il aime être rassemblé et replié d'une façon qui préserve cet enroulement initial[12] ou qui l'y ramène. Il aime être porté. Sans accessoires de puériculture qui s'interposent entre lui et ses parents, ces derniers peuvent sans crainte impliquer davantage leur corps, par exemple par le portage[13].

D'une façon paradoxale, l'emmaillotage, une pratique que nos grands-mères associaient au bercement – et que d'autres associaient au portage[14] – est en résurgence aux Pays-Bas[15], le mouvement et le contact en moins. Dans un manuel distribué auprès de sages-femmes et de parents néerlandais, il est expliqué qu'il permet d'apaiser l'enfant, mais aussi d'espacer les tétées. Si elle permet de contenir l'enfant – chose rassurante pour lui -, cette pratique fait abstraction des possibilités d'interaction mère-enfant ou soignant-enfant[16] et elle n'est pas recommandée pour un bon déroulement de l'allaitement maternel.

Le portage plaisir, pour la mère, pour le père

À sa naissance, le petit de l'homme est naturellement totalement dépendant de sa mère et, dans la majorité des cas, celle-ci est parfaitement compétente et physiologiquement "adaptée" pour lui faire découvrir les plaisirs de la vie, connectée à son enfant, à ses besoins, à ses attentes, si elle reçoit du soutien et peut s'inspirer de modèles adéquats. Lorsqu'elle s'éprend de son enfant, elle s'imprègne de lui et l'enfant se montre réceptif à ses attentions. Le père, quant à lui, n'est pas tant appelé à être séparateur que soutenant, "protecteur" et "unificateur".

Dans *L'amour scientifié*[17], Michel Odent explique que *« dans la plupart des sociétés traditionnelles, et aussi chez nos cousins les chimpanzés, l'attachement entre l'adulte mâle et le bébé se fait, dans une certaine mesure, en passant par l'attachement à la mère. »* Un père n'a pas de raison de craindre que sa compagne prenne du plaisir au contact de leur enfant. Celui-ci n'est pas un rival, capable comme son père de survivre de façon autonome. Ceci nous rappelle avec force la dépendance de notre tout-petit vis-à-vis de nous pour sa survie et, au-delà, pour sa qualité de vie. Cette dépendance n'est pas suscitée par notre comportement : elle est inscrite en lui. La craindre et la nier nous mène dans une impasse. La reconnaître nous permet de rechercher et d'adopter une attitude respectueuse.

Comment apporter des réponses adaptées à ses besoins, là est la question. Il est de notre responsabilité de parent, d'éducateur ou de soignant d'y répondre au mieux. Or, l'idée de "devoir" dans nos sociétés est opposée à l'idée de plaisir. Le plaisir n'est pas que dans la licence. Il y a du plaisir à vivre dans le respect des lois de la nature. Il y a du plaisir à porter son bébé.

Je porte mes bébés régulièrement, parfois ceux de mes amis proches lorsqu'ils nous laissent leurs enfants à garder. C'est mon épouse qui a ramené pour la première fois une écharpe à la maison. Au début, nous avions plusieurs poussettes pour promener les enfants, puis peu à peu, nous avons remplacé les poussettes par des écharpes bien plus pratiques. Finalement, nous avons même totalement abandonné l'idée de promener les enfants autrement qu'en les portant. En général, mon épouse – ayant une plus grande habitude du portage – porte un plus grand pendant que je m'occupe d'un plus petit. Ayant quatre enfants, il faut bien que certains d'entre eux marchent un peu mais comme ils aiment tous être portés, nous alternons.
Avec l'écharpe, je pense que j'ai trouvé plus de goût à faire des choses avec les enfants, surtout les promenades. Par exemple, il n'est pas rare que je parte en ville avec un petit en écharpe et un grand à la main ; ce qui est très pratique et très convivial quand il s'agit de se frayer un chemin dans la foule. Je suis très content de ce système, qui me permet de rester plus zen par rapport aux enfants, de moins m'énerver et au final d'avoir de meilleures relations avec eux. C'est aussi une façon très naturelle de leur témoigner mon affection et de leur donner un sentiment de sécurité.

Stéphan, papa porteur

Un proverbe des Indiens mayas dit: « *L'avenir du monde est dans le bébé. La mère doit le tenir tout contre elle pour qu'il sache que le monde est sien. Le père doit l'emmener sur la plus haute colline pour qu'il voie à quoi ressemble le monde.* »[18] Les sensations qui lui parviennent stimulent le système nerveux de l'enfant et donnent un sens à son existence. Elles sont la preuve tangible qu'il est en vie. La vie est un tout petit peu plus simple s'il rencontre, dès le départ ou, à défaut, plus tard dans l'existence, une ou des personnes qui l'enveloppent, le portent, le supportent inconditionnellement; qui lui montrent ce que "oui" veut dire. Sa mère, son père, d'autres personnes ensuite… Bien plus tard, il pourra apprendre ce que "non" veut dire.

Ce que "oui" veut dire

Voir un enfant porté à la demande lever les bras au ciel avec un grand sourire confiant, s'avancer vers sa maman ou son papa est une expérience lumineuse. Cet enfant sait que ses demandes sont bien accueillies. L'assurance de voir ses demandes prises en considération contribue à ce qu'il se sente pleinement accepté. Il sait que s'il arrive que maman dise "non", elle dit "oui" chaque fois qu'elle le peut, c'est-à-dire dans une très grande majorité des cas et qu'il en va de même de son père, ainsi que des autres personnes qui s'occupent de lui.

L'enfant qui doit pleurer beaucoup pour obtenir de l'attention cessera probablement à un moment de demander. Il se résignera et n'exigera plus que soit comblé ce besoin de base déterminant pour un épanouissement sain: le toucher. « *Un nouveau-né qu'on laisse seul et qui sera de surcroît sanctionné affectivement, voire physiquement, parce qu'il pleure, développera des angoisses existentielles, un sentiment de manque, d'impuissance, de haine et de résignation. Ces sentiments et la situation qui les a provoqués resteront associés à une telle souffrance que l'enfant, pour ne pas les revivre, tentera de s'en distancier. Il cherchera l'apaisement dans les compensations qui lui seront proposées et lui procureront un espace de « pseudo-sécurité »*[19].

Les petits qui ont accès au toucher tout au long de leur croissance développeront des capacités à communiquer la pression tactile par le contact. Ils auront plus de facilité à exprimer leurs besoins de base et ne trouveront pas normal de renoncer à les satisfaire. Ceci ne signifie pas qu'ils doivent nécessairement être en contact continu uniquement avec leur mère. Nous en reparlerons plus loin au travers du récit de l'adaptation en crèche du petit Émeric (cf. p. 114).

Un lien puissant

Même si bébé est né, même s'il a désormais un nombril et se nourrit par voie orale, il est loin d'être autonome. Au début, il est nécessairement dépendant et doté d'un organe émetteur et récepteur parfaitement mature qui recouvre toute la surface de son corps : sa peau. *« Le nourrisson peut entendre, voir, sentir, goûter assez facilement même s'il est immobile au fond d'un petit lit… mais il reste le cinquième sens, le premier en réalité à arriver à maturation, et ce dès la grossesse : celui du toucher… Le tout-petit a un besoin vital de contact, de toucher, de tout son corps, pour être en lien direct avec ce qui l'entoure. »*[20]

Faisons connaissance avec lui par ce qui fait l'unité de tout son corps : sa peau. Apprenons à connaître sa texture, à recevoir ce qu'elle raconte. Reconnaissons, comme les Inuits, son existence sous nos nombreux vêtements.

Reconnaissons qu'elle est en vie, qu'elle se nourrit... de quelle manière elle se nourrit et peut conférer énergie ou détente à celui qu'elle enveloppe. Sachons aussi être présents dans la détente lorsque notre enfant est tendu. Sachons recevoir l'énergie qu'il nous donne tandis qu'il découvre son corps et ses sensations internes.

Un milieu sur mesure

Le corps de sa mère est tout à fait adapté et compétent pour le réchauffer, le porter et le nourrir en continu, comme le font les mères qui portent leur bébé prématuré stable[21] dans un bandeau de lycra selon la Méthode mère kangourou[22]. Le peau à peau mériterait vraiment d'être pratiqué plus souvent, aussi bien avec les prématurés qu'avec les nouveau-nés, les bébés et les bambins. Si ses bienfaits sur les prématurés ont été démontrés, il ne devrait pas, dans nos représentations, rester l'apanage de situations délicates et précoces.

Parfois, les circonstances de la naissance ou des premières semaines de la vie font que l'attachement se crée difficilement. Le contact physique, même différé, facilite la compréhension mutuelle, la réponse et donc la confiance. Il peut pallier à des circonstances particulières dans lesquelles les liens sont moins évidents à établir, telles que la prématurité, l'hospitalisation, le handicap ou encore l'adoption. Ce devrait aussi être un contact agréable entre deux personnes dont les peaux se touchent sur une grande surface (ventre contre ventre, ventre contre hanche ou ventre contre dos et cuisses enveloppant les hanches...).

La peau de bébé a faim de toucher. Elle couvre la totalité de son corps, lui donne son unité. C'est l'organe le plus "présent" et le plus volumineux qui assure aussi la thermorégulation[23]. Le sens du toucher est le premier à parvenir à maturation, dès la 7e semaine suivant la conception ; il est fonctionnel dès la 11e semaine. Suivent alors le sens de l'équilibre (qui fonctionne dès la 21e semaine), l'odorat et la gustation (24e semaine) et l'audition (32e semaine)[24].

Nous avons reçu une éducation distale

Nous avons grandi en recevant des contacts physiques comptés : endormissement et sommeil en solitaire, repas pris dans une chaise haute, jeu solitaire dans un espace délimité défini comme étant dévolu au bébé. Nous craignons parfois de gâter nos enfants, de nous laisser envahir par eux et de perdre ainsi le contrôle de la situation.

L'image du bébé porté, le contact intime que cela suppose renvoient chacun à lui-même, à son vécu et à ses désirs de tendresse. Et si cette intimité était source de liberté plutôt que de contrainte ? Et si l'enfant porté, que nous apprenons à connaître dans ses mouvements et respirations, que nous reconnaissons à l'odeur (quel plaisir que de renifler les cheveux de son bébé…) était un petit moteur en plus, avec nous et non opposé à notre épanouissement ? Et si nous pouvions vivre notre vie tout en le portant, sans qu'il ait à nous supplier d'arrêter nos activités pour répondre à ses attentes ?

Envisager l'enfant comme un partenaire, c'est une occasion de nous laisser approcher par ce petit – ou petit grand. C'est, en quelque sorte, l'adopter à chaque fois et faire fi des tabous liés au toucher hérités d'une éducation distale[25] prodiguée par les générations précédentes avec les meilleures intentions du monde. Ce n'est pas forcément devenir esclave de son enfant. C'est entrer dans une histoire d'amour, d'attention mutuelle, de patience et de présence. Être mère, c'est surfer sur une tornade d'hormones et d'émotions. Cela vous façonne, vague après vague, et peut vous emmener sur des terres inconnues aux parfums insoupçonnés.

S'autoriser la confiance

« Quand les parents répondent aux demandes et aux signes de l'enfant, ils lui apprennent que ses besoins vont être satisfaits et que le monde n'est pas hostile. »[26] Apprenons à décrypter des signaux émis par la peau de l'enfant. Ne soyons pas trop durs avec nous-mêmes si nous n'y parvenons pas du premier coup. Quelle découverte pour nous et pour notre enfant ! Nous ne sommes pas tombés dans un porte-bébé lorsque nous étions petits. Cependant, le désir de portage semble être encore bien ancré en nous, comme s'il nous rappelait que ce petit-là est à sa place, lové contre nous, même si la culture ambiante nous dit de craindre le pire des contacts intimes.

En portant notre enfant, nous apprenons à mieux nous connaître mutuellement, grâce à un étonnant cocktail de nourritures sensorielles. Ensemble, nous prenons des repères positifs. La vie va son train et l'enfant n'est plus un passager clandestin auquel est renvoyée l'image d'un petit insupportable. Il peut y être admis, grand comme ses parents, au cœur de l'action, sans pour autant être un roi qui paralyse celle-ci par sa présence[27].

Nous pouvons apprendre à nous faire confiance et jouer à installer sur nous un porte-bébé facilement ajustable fait de tissu ou de filet (pagne, awayo, rebozo, hamac, Tonga®, porte-bébé chinois…). Si nous osons tendre ce tissu, nous sentons notre enfant tout contre nous. Avec ses muscles, il suit le moindre de nos mouvements. Nous apprenons à être avec cet enfant. Nous cessons de compter les choses que nous faisons pour lui. Le portage donne une nouvelle dimension à la relation.

Autres cultures, autres exigences !

L'attitude des parents peut être tout aussi directive sur des points qui varient d'une culture à l'autre, et même d'une famille à l'autre. Tous les parents n'ont pas pour objectif premier de plier rapidement leur progéniture à une "autonomie", comme c'est fréquemment le cas en Europe et en Amérique du Nord. Le portage, les soins à la demande vont de soi dans diverses cultures dont les enfants n'ont pas la réputation d'être particulièrement capricieux ou tyranniques.

Blandine Bril et ses collaborateurs ont procédé à une *« observation de type éthologique »* de mères vaquant à leurs occupations et s'occupant de leurs bébés, au Mali, en Corée et en région parisienne[28]. Au Mali, les parents ont de fortes attentes quant aux capacités posturo-motrices et sphinctériennes de leurs petits, chose incompréhensible pour nombre d'entre nous. Et pourtant ! En Occident, on veille sur la régularité des activités des bébés : on attend d'eux qu'ils dorment et s'alimentent en temps et en heure voulus, en quantités fixées par des spécialistes, à un rythme déterminé qui leur est étranger. Ces attentes des parents, conditionnées par celles des spécialistes en puériculture, influencent leur façon de s'occuper de leurs enfants. « *Les femmes bambara [...] ne conçoivent pas que l'enfant dans sa première année puisse se développer "sans aide", alors que la plupart des femmes françaises ont répondu que les acquisitions précoces doivent se faire sans aide, l'enfant se développant à son propre rythme.* »[29] L'expression issue de ce mode de pensée est assez sidérante lorsqu'on sait à quel point le sacro-saint "rythme" des tout-petits est culturellement conditionné, leurs réveils nocturnes et leurs besoins en contact différemment appréhendés, en fonction de la culture ambiante.

L'ethnopédiatrie[30/31] nous ouvre des horizons nouveaux : nous découvrons que dans de nombreuses contrées, les petits d'homme élisent domicile sur le corps de leur mère et autres personnes de référence pour plusieurs années, partagent la couche ou le hamac de leur mère, font leur apprentissage sphinctérien à partir du corps de cette mère à un âge où nos grands bébés marcheurs sont encore couchés sur le dos sur un meuble spécialement conçu pour le change.

S'occuper d'un enfant à la demande, qu'est-ce que cela signifie ? Dans le cadre de l'allaitement, le rythme et la durée des tétées sont très variables d'une culture à l'autre. Chez nous, douze à quinze tétées par jour semblent phénoménales et une durée d'allaitement dépassant trois ou six mois est jugée "longue". Il s'agit pourtant d'une phase de mise en route où mère et enfant apprennent à se connaître. « *L'allaitement est avant tout le début d'une relation et pas seulement une question de nutrition.* »[32] La mère apprend – elle est programmée à cet effet – à repérer quand son enfant est motivé ou disponible pour téter et, si elle pratique l'hygiène naturelle, quand il est prêt ou disponible pour éliminer urine et selles[33]. La mère et son entourage ont alors le plaisir d'une communication fine avec l'enfant, signe qu'ils sont accordés. Il est prématuré de demander au petit de se plier à des horaires qui n'ont pas de sens aux niveaux physiologique ou relationnel.

Dans les cultures de type "proximal"[34], l'allaitement est bien plus long. Le nombre de tétées par jour se chiffre chez certains peuples en plusieurs dizaines de petites tétées sur 24 heures et il est la plupart du temps toléré que la femme fasse les pauses nécessaires pour allaiter son enfant au rythme de celui-ci ou que l'enfant ait libre accès au sein tandis que sa mère vaque à ses occupations. Le portage permet de maintenir l'enfant à l'endroit le plus sûr qui soit pour son épanouissement[35], notamment psychomoteur, et pour le respect de ses demandes à être accompagné dans ses besoins d'éliminer. La proximité physique, si nous en faisons le choix, peut nous aider à être ici et maintenant, attentifs à l'enfant par tous nos sens, par notre corps et avec le cœur, et à tisser des liens dans un respect mutuel. L'amour se nourrit de nourritures sensorielles.

Aspects contextuels

Le portage traditionnel de par le monde se fait essentiellement sur le dos et sur la hanche, ce qui facilite le quotidien de la mère. Vivant sur le corps de celle-ci après avoir vécu dedans, l'enfant est intégré à la vie familiale, sociale et professionnelle de sa mère et des personnes qui s'occupent d'elle, puis de lui de façon plus directe. Pourquoi ? Par nécessité, dans un but initial de survie dont découle, dans les faits, un bien-être supérieur à ce que nous entendons communément par survie[36]. « *Si l'enfant bambara est en contact direct avec sa mère ou toute autre personne maternante avec une fréquence beaucoup plus grande que l'enfant parisien, ce n'est pas d'abord parce que, culturellement, le contact corps à corps est valorisé, mais parce que c'est une nécessité. L'absence de substitut au lait maternel, ainsi que l'inexistence de lieux spécifiquement conçus pour l'enfant ou de personnes dont la seule activité est de s'occuper de lui, conduit à la solution adoptée dans de très nombreux contextes culturels : garder l'enfant avec soi. »*[37]

L'enfant passe du dos à la hanche de sa mère et accède aisément au sein. D'autres personnes prennent le relais, en fonction de l'organisation sociale et des impératifs liés au travail, à la survie familiale. Parfois, ce rythme est pratiqué une partie de l'année, en fonction des saisons et des impératifs liés aux récoltes[38]. Heureuse invention que le portage qui, s'il n'est pas utilisé chez nous pour la survie face à des prédateurs directs (encore qu'en situation de catastrophe naturelle, d'inondation, etc., il permette de grimper sur le toit d'une maison, bébé installé sur le dos, dans un porte-bébé, un drap, une nappe, un vêtement large entourant le porteur et l'enfant, additionné d'une ceinture horizontale nouée à l'aide d'un élément long tel qu'une écharpe ou une couverture fine), offre à l'enfant un magnifique point d'observation pour connaître peu à peu la vie avant de s'y plonger tout entier.

Tordons le cou à certaines idées fausses : Je ne souhaite pas ici donner une vue uniforme des peuples qui portent leurs bébés ou encore idéaliser des peuples qui, par ailleurs perturbent souvent le processus physiologique de la naissance (les interventions abusives ne sont pas le seul fait des cultures à haute technologie médicale[39]). Je ne souhaite pas non plus donner l'impression que tous les bébés portés le sont en permanence, dans une position "carrée", dans un contexte identique.
Blandine Bril nous explique que l'environnement qui structure les premières expériences du petit enfant est fonction de nombreuses variables[40]. La façon de regarder son enfant – d'une façon pragmatique, mais aussi plus symbolique – n'est pas une donnée universelle et chacun peut évoluer dans sa façon de le voir.

Utiliser son corps

Renoncer à une partie de l'attirail de puériculture actuel, nous en protéger pour faire confiance à l'enfant et à son corps, découvrir des sensations physiques intenses et un sentiment d'autonomie, de confiance en soi et, pourquoi pas, recourir davantage aux ressources humaines des générations qui nous entourent peut nous donner accès à plus de satisfactions. Encore faudrait-il ouvrir les nombreuses barrières érigées entre les classes d'âge et le mode de pensée qui les accompagne.

Il est illusoire de parler des soins que nous apportons à nos enfants en faisant abstraction de l'environnement culturel et matériel (naturel et artificiel) qui nous a vus naître, qui nous a façonnés : *« Du point de vue psychologique, la première étape, la "mise en chambre" a, pour la mère, une fonction régressive qui favorise son identification au bébé, ce qui la rend plus sensible et plus apte à décoder le sens de ses moindres manifestations et à y répondre avec le maximum de diligence. [...] Ainsi, en milieu africain, le couple mère-bébé peut "grandir ensemble" jusqu'au sevrage. Jusqu'à ce stade, l'alimentation, les soins, l'éducation sphinctérienne, le transport, les jeux se font sur le corps de la mère qui constitue le support primordial du corps de l'enfant. »*[41]

En introduisant un changement, même minime, dans nos rapports à nos enfants et en recourant davantage au corps à corps, nous changeons une donne dans le tableau. Nous changeons imperceptiblement ce que seront ces enfants. Un livre tel que celui de de Catherine Krémer, *Élever son enfant autrement (op. cit.),* présente des pistes ouvertes plutôt qu'un descriptif linéaire de l'évolution des enfants.

Les manuels qui décrivent l'évolution de l'enfant occidental mois après mois ne "collent" plus à la réalité dès lors que vous introduisez des variantes qui modifient résolument la donne. *« Dès son plus jeune âge, l'enfant est soumis à des pratiques intimement liées à la conception que l'on se fait de son corps, de ses compétences à un moment donné et de celles qu'il doit acquérir dans les premiers mois. »* (Blandine Bril, *op. cit.*, p. 129). Si nous transférons des activités que nous effectuons habituellement sur du mobilier à hauteur d'adulte vers un niveau plus bas, accessible aux enfants, ou encore si nous les effectuons au sol, cela influencera les expériences de nos tout-petits. Nous pouvons réfléchir au contexte dans lequel nous accueillons notre enfant, contexte qui, selon les cas, va le mettre en échec ou non, à distance ou non.

Une maison peut être accueillante ou hostile pour un enfant. Dans *Le quotidien avec mon enfant* (Éditions de l'Instant Présent, 2005), Jeannette Toulemonde propose des idées pour changer l'approche de l'enfant et le milieu dans lequel vous l'accueillez. Voici un extrait de la quatrième de couverture : « *Notre environnement matériel d'adultes ne permet pas au jeune enfant d'agir par lui-même, ni de faire ses expériences dans la vraie vie. Or "faire tout seul", c'est sa grande passion, et si cela l'intéresse tant, c'est qu'il en a besoin pour construire sa personne. Jeannette Toulemonde et ses amis [...] proposent ici une édition revue et augmentée de leur livre Place à l'Enfant. Comment donner sa vraie place à l'enfant dans chaque pièce de sa demeure et dans la vie de sa famille. [...] L'enfant roi ? Non. Parlons plutôt de l'enfant respecté dans son besoin de construire en lui une personne humaine à part entière, dans l'amour et la compréhension de ses parents. Avec Maria Montessori, [...] on peut, si l'on aide les enfants à croître selon leurs vrais besoins, espérer une pacifique révolution des cœurs qui sera, dit-elle, la dernière.* »

Aspects relationnels

Une maman, même entourée d'autres personnes qui s'occupent avec elle de son enfant, n'est interchangeable avec aucune autre, qu'elle allaite son enfant ou pas. Manger tout contre elle, au sein ou d'une autre manière, peut être un moment de grande détente pour elle et le bébé. Ce moment lui revient pendant les premiers mois de vie de son enfant. Si elle le porte, le contact est d'autant plus intense. Le portage, en peau à peau ou en vêtements peu épais entre les partenaires, facilite la détente et la communication. Il n'est pas le privilège exclusif de populations vivant sous climat chaud.

Certaines habitudes vestimentaires permettent de porter l'enfant sans qu'un écran aux sensations n'interfère dans les signaux tactiles. Bien avant que bébé ne pleure ou s'endorme, le porteur averti est renseigné avec précision sur les besoins alimentaires, sphinctériens ou de sommeil de son enfant. Des vêtements traditionnels (chez les Inuits notamment) ou actuels, que nous pouvons choisir de porter (chemises larges à boutons ou à encolure élastique, par exemple) permettent par climat froid ou tempéré de porter son enfant tout contre soi. Ce portage est possible au-delà de la naissance ou des soins à l'enfant prématuré.

Le nouveau-né ou l'enfant, s'il est la plupart du temps porté sans couche ou équivalent, répugne instinctivement à se souiller et à souiller son porteur (il est conscient de ses besoins d'éliminer pendant les premiers mois et si l'on pratique l'hygiène naturelle avec lui, il ne perd pas cette conscience). Si l'on est réceptif aux signaux qu'il émet, si l'on comprend qu'il ne s'agit peut-être pas de coliques, mais d'un signal que l'enfant nous adresse – ce qui est plus aisé lorsqu'on bénéficie d'un héritage culturel en la matière – on repérera ses demandes à être sorti du porte-bébé avant d'éliminer.

II

(Re)découvrir l'empathie

Du portage in utero *au portage aérien*

L'enfant descend à sa naissance d'un wagon-restaurant, hamac vivant, chaud, massant, parfumé, pénétré par des lumières et des sons adoucis. Ses sens sont en éveil[42]. Le sens du toucher parvient très tôt à maturité. Pourquoi donc devrions-nous craindre de le nourrir en toucher et en mouvement, nourritures qu'il réclame à corps et à cri ? « *En tant que système sensoriel, la peau est de loin l'ensemble d'organes le plus important du corps. Un être humain peut vivre aveugle, sourd, et manquer totalement de goût et d'odorat, mais il ne saurait survivre un instant sans les fonctions assurées par la peau. […] La stimulation permanente de la peau par l'environnement sert à maintenir son tonus à la fois sensoriel et moteur. Le cerveau doit recevoir de la peau des informations sensorielles en retour de façon à pouvoir corriger, si l'on peut dire, les réponses qu'il donne aux informations qu'il reçoit. […] L'aller et retour de la peau au cerveau est continu, même pendant le sommeil.* »[43]

Le mouvement comme source de bien-être

Le sens de l'équilibre vient également très tôt à maturité. « *Lors de la vie prénatale, les perceptions vestibulaires*[44] *pourraient être parmi les rares repères du monde extérieur, rythmant la journée selon que la mère s'allonge, dort, se dresse, marche. […] À l'Institut für Entwicklungsneurologie de Hambourg, […] toute thérapie compte d'abord sur les mouvements de balancement, sur les caresses, sur les massages : quelle que soit l'étiquette attribuée au jeune enfant adressé au centre, qu'il s'agisse de "retard moteur", de "difficultés relationnelles", de "manifestations d'angoisse", il faut toujours s'adresser en priorité aux fonctions sensorielles fondamentales et tout particulièrement au sens kinesthésique, c'est-à-dire avant tout au système vestibulaire. […] Le port du bébé par la mère jusqu'à l'âge de la marche est quasi universel, selon des modalités qui varient dans le détail d'une société traditionnelle à l'autre. Une habitude universelle répond habituellement à un besoin fondamental. Nous sommes tentés de penser que le respect du système vestibulaire pourrait devenir une des pierres de touche du respect de l'être humain.* »[45]

La danse des hormones

Les hormones de la grossesse, de la naissance, puis de l'allaitement se relaient pour amener la mère et son enfant à un premier face à face impressionnant où, *« lorsqu'ils ne sont pas observés après la naissance, le couple mère-enfant passe un long moment à se regarder dans les yeux. Une femme ne secrète jamais autant d'hormones de l'amour qu'immédiatement après la naissance d'un bébé, dans la mesure, bien entendu, où cette naissance fait suite à un accouchement non perturbé. »*[46] Ce moment doit être protégé, car il donne à l'enfant les moyens de séduire celle dont il dépendra longtemps, de se faire aimer d'elle au point de devenir irrésistible. Sa survie en dépend et, au-delà de sa survie, sa qualité de vie, son épanouissement physique et psychique.

L'empathie des chasseurs-cueilleurs

Les chasseurs-cueilleurs sont nomades et travaillent moins que nous. Ce qui leur semble abondant nous paraît pénurie. Quand nous craignons de manquer, ils savourent la joie de vivre et la simplicité, simplicité que certains occidentaux choisissent aujourd'hui volontairement[47]. L'empathie des chasseurs-cueilleurs vis-à-vis des tout-petits, dont parle Meredith Small[48], permet une "connexion" sans réserve entre l'enfant et la personne qui s'en occupe et, chez le nouveau-né, une confiance dans l'autre et dans le monde.

> *« L'enseignement de la biologie peut nous en apprendre beaucoup sur notre humanité.* Homo sapiens *a été un chasseur-cueilleur tropical pendant les 3 à 6 derniers*

millions d'années. Les changements ont débuté il y a environ 10 000 ans, avec le début de l'agriculture, mais il existe encore des peuplades de chasseurs-cueilleurs tropicaux qui ont été étudiées par les anthropologues (Lozoff et Brittenham, 1979). Une chose commune dans toutes ces peuplades est le fait que les nouveau-nés et les bébés sont constamment portés, qu'ils dorment contre leur mère, que le nourrissage est une réponse immédiate à leurs pleurs, qu'ils tètent toutes les 1 à 2 heures, et que l'allaitement se poursuit jusqu'à 2 ans. Pendant les 100 dernières années, ce modèle millénaire (soins attentionnés et portage) a été modifié et, dans le nouveau modèle, l'enfant est couché tranquillement à part (mise à l'écart), séparé de sa mère, on ignore ses pleurs, toutes les 4 heures, on vient le nourrir (retour du parent au nid) avec un lait industriel (fait à partir du lait maternel d'une autre espèce) et on introduit très tôt les substituts. Lozoff et al. (1977) estiment que ces modifications altèrent l'initiation de la relation mère-enfant, qui peut être modifiée au-delà des limites d'adaptabilité du bébé. »[49]

Bien s'attacher pour bien voler demain

Jean Liedloff[50] a observé chez les Yequanas, des Indiens d'Amazonie parmi lesquels elle a vécu, une "phase dans les bras", phase qui contribue à construire pour longtemps la sécurité affective de l'enfant, qui permet d'établir un attachement "sécure", un lien parent-enfant inconditionnel. Dans un tel contexte, le corps maternel n'est pas retenu. *« L'empreinte [...] naît du contact de tous les sens entre la mère et son bébé. »*[51] Un attachement "insécure" est un attachement hésitant. Les acteurs du couple mère-enfant ou père-enfant ne sont pas au diapason et l'un d'eux demande ou propose plus que l'autre ne peut donner ou recevoir. Ils sont accordés avec moins de finesse. Si l'on ne craint pas de prendre son petit contre soi quasiment continuellement au début de sa vie, il quittera plus facilement le bercail. En l'absence d'attachement "sécure" avec un parent ou une personne assurant auprès de lui cette fonction, il est difficile pour l'enfant de s'envoler. Ce manque d'attachement lui coupe les ailes, en quelque sorte.

L'appel des sens

L'attachement que nous développons envers nos enfants dépend de plusieurs facteurs – notre histoire, les modes de relation que nous avons appris depuis le début de notre vie, ceux que nos ancêtres ont fait évoluer –, mais également de ce petit qui débarque et de notre entourage au moment de la naissance.

Le soutien, une approche douce et respectueuse de nos besoins fondamentaux peuvent nous aider à trouver un chemin où nous ne sommes pas forcément à la merci de notre histoire, de notre culture, de notre nature ou d'un éventuel non-respect des besoins physiologiques de base de la mère et du tout-petit par les générations précédentes. « *Si l'on satisfait correctement et régulièrement ses besoins dès le début de sa vie, le nouveau-né établit souvent un lien très sûr avec ses parents et développe les bases de sa confiance dans le monde.* »[52] Avec et par ses parents, il apprend le monde, en continuité avec son expérience prénatale pleine de sensations, de vibrations, de mouvements, de balancements, d'odeurs, de lumières, d'ombres, de couleurs.

Bébé apprend de près chaque geste de sa mère, de son père, de l'éducatrice ou du soignant qui le porte. Il vit et revit ces gestes, inlassablement. Il apprend et devient jour après jour humain parmi les humains.

« Le bébé est essentiellement centré sur la régulation de ses besoins physiologiques comme être allaité, soigné, bercé, apaisé et il relie toutes ces expériences sensorielles et affectives de manière très globale. Ces expériences associées au plaisir/déplaisir sont vécues dans et par son corps et se chargent d'affects. Le bébé [...] n'est pas sensible à ce que l'adulte fait (il me prend, il me berce, il me lave), mais au "comment" il le fait. [...] Il est sensible à l'intensité, au rythme, à la forme des informations visuelles, tactiles, auditives, olfactives qu'il reçoit. [...] Cette perception de la qualité de l'agir de l'autre s'associe à la sensation qu'il a de ses propres mouvements (proprioception) à ce moment-là et se crée, alors, un "ensemble sensoriel" qui s'inscrit profondément dans son corps et son vécu corporel. »[53]

Une découverte mutuelle

Il découvre tout cela lové sur son parent et porté par un corps qui, s'il est dépourvu de poche marsupiale ou de fourrure à laquelle s'agripper, est néanmoins parfaitement adapté au port et au transport du bébé ! Les échanges verbaux avec la personne qui s'occupe de l'enfant sont bien moins subtils et fréquents en l'absence de portage. Porté, l'enfant imite et produit, lui aussi, des signaux : babils, langage du corps et même langue des signes[54]. Sur le ventre ou sur la hanche, il est à bonne distance pour échanger visuellement avec le porteur, avec son visage, avec ses mains. *« Une des tâches les plus importantes pour les parents – qu'ils soient adoptifs ou de naissance –*

est d'apprendre à décrypter les signaux du bébé. [...] Les parents adoptifs [...] sont nombreux à raconter à quel point il est précieux de multiplier les contacts physiques pendant un certain temps. Non seulement parents et bébés y prennent un plaisir certain, mais cela permet aussi à chacun de s'apprivoiser grâce aux expériences sensorielles que procurent l'odeur, le toucher, la chaleur, le son, etc. »[55] Si l'enfant peut acquérir la confiance en lui-même et dans les adultes qui s'occupent de lui, il accédera spontanément à une autonomie non forcée. Il se détachera naturellement et ces adultes seront prêts, après d'intenses échanges avec lui, à le laisser quitter le nid en toute confiance.

La communication tactile

Parents et enfants trouvent des repères autres que visuels ou verbaux, hautement valorisés dans nos cultures, au détriment d'autres sensations telles que le toucher et l'odorat. Les enfants pleurent moins[56] et la proximité aidant, les parents répondent plus facilement, plus rapidement à leurs signaux. Attention : le portage est un élément parmi une foule d'autres qui font le quotidien du nouveau-né et des relations qu'il tisse avec sa mère et leur entourage immédiat. Il est hasardeux de déduire de la seule pratique du portage un éventail de bénéfices soi-disant acquis qui, en réalité, peuvent survenir suite à un grand nombre de facteurs. Plus tard dans sa vie, l'enfant aura également besoin d'être respecté dans son corps et dans sa découverte du plaisir afin de poursuivre sa route en confiance[57].

L'ouverture au monde

On peut être proche physiquement de son enfant et lui faire découvrir le monde. Socialiser son enfant et le confier à un tiers : voilà deux étapes que l'on peut tout à fait distinguer. On peut lui proposer de nouveaux liens, de nouveaux visages, de nouveaux espaces, de nouveaux mouvements, de nouveaux mots sans nécessairement le quitter.

Par ailleurs, le portage ne signifie nullement relation exclusive et absence totale de séparation. Ce n'est pas un enfermement dans une relation à deux, mais, au contraire, une occasion pour l'enfant d'entrer dans la vie sociale. Il y participe. Il entend, voit, ressent les événements, en contact étroit avec une personne de référence qui assure sa sécurité. Il entre dans le monde, croise les regards et peut être perçu par son entourage comme un interlocuteur valable, un humain parmi les humains, grand comme maman ou comme papa. Les tiers s'adressent davantage à lui que s'il était assis plus bas, dans une poussette. Il apprend la vie, tout en ayant le choix de se réfugier dans le sommeil s'il en ressent le besoin ou si les stimulations alentour sont trop fortes pour lui.

Emploi du temps du petit enfant

Non, un bébé bambara n'est pas constamment porté. Cette activité représente certes une part non négligeable de son emploi du temps, mais elle n'est pas la seule, loin de là. Son emploi du temps – ou celui d'un bébé coréen, par exemple – se répartit entre diverses activités : éveil et sommeil, tétées, bain, portage, mais aussi gymnastique.

« Les habitudes de jeux et de puériculture, les activités quotidiennes des femmes lorsque l'enfant est porté, vont lui procurer, avec une fréquence et une intensité plus ou moins grande, des stimulations kinesthésiques et vestibulaires qui pourront représenter une durée de plus de 40 % de la journée pour des enfants bambaras de 2 à 5-6 mois, alors que pour les enfants français observés, cette fréquence s'élevait rarement au-delà de 10 à 15 % de la journée. »[58] *(p. 307)*

« C'est la quantité de stimulations kinesthésiques qui est le plus clairement corrélée, non seulement aux comportements moteurs et sensorimoteurs de l'enfant, mais aussi aux comportements sociaux et exploratoires. Mais là encore, on ne connaît pas les mécanismes qui lient stimulations kinesthésiques et développement. […] Les stimulations posturomotrices dans la première année ne sont pas le seul fait d'une pratique du portage, puisque dans de nombreuses cultures, les petits enfants pratiquent une gymnastique quotidienne : ils font l'objet de manipulations travaillant sur l'extension des articulations et leur bon fonctionnement, qui (encouragent) l'enfant à vaincre sa peur par le biais de suspensions en particulier. » (p. 304)

« Le portage au dos est souvent considéré comme une des "causes" de l'avance motrice du bébé africain. Survalorisé par les uns, décrié par les autres, ici encore, peu d'études systématiques sont disponibles. On a en effet beaucoup écrit ou dit sur le portage au dos, sans toujours prendre la précaution d'un contrôle empirique des hypothèses ou affirmations avancées. Il n'est pas rare d'entendre ou de lire que l'enfant africain est "toujours porté au dos". Par ailleurs, le portage est vu parfois comme une expérience bénéfique pour le développement, parfois au contraire comme une entrave aux

acquisitions précoces. [...] Mais qu'en est-il au juste du portage au dos ? Les données de l'observation d'enfants bambaras laissent penser que l'enfant est en fait moins porté au dos que ce que la littérature existante ne suggère habituellement. Ceux que j'ai observés sont portés au dos au maximum durant 40 à 45 % du temps de la journée à 2 mois ; cette durée diminue progressivement et n'est plus que de 20 % vers 1 an. Parallèlement, un autre mode de portage émerge progressivement, le portage sur la hanche. Apparaissant vers 2 mois, le portage sur la hanche présente un maximum d'environ 20 % du temps d'observation vers 7 mois et diminue ensuite. Ces données sont confirmées par une observation analogue d'un groupe de bébés congolais. » (p. 310)

Durée du portage

Le portage peut être pratiqué à tout moment entre la naissance (pour les bébés nés prématurément, on attendra qu'ils rencontrent certains critères (cf. note [21] p. 180) et l'âge de deux, trois, voire parfois quatre ou cinq ans. De nombreux parents commencent à porter leur enfant après six mois ou un an.

Dans les familles qui ont appris à utiliser un porte-bébé "longue durée", on observe un "sevrage naturel" (de loin préférable à un arrêt vécu comme une fatalité, dont on a du mal à faire le deuil, parce qu'on ne comprend pas réellement pourquoi cela n'a pas fonctionné). Un jour, on réalise que l'on a cessé de porter sans que cela ait fait l'objet d'une décision consciente. L'arrêt naturel du portage, comme un passage spontané à autre chose – avec quelques retours ponctuels au doux temps d'avant, notamment lorsque l'enfant se blesse ou tombe malade, est inquiet ou, tout simplement, fatigué au retour d'une balade – est une source de grande satisfaction.

> Les enfants peuvent être portés confortablement pendant plusieurs années, le temps qui convient aux parents et aux enfants. Ce n'est pas un porte-bébé mal conçu qui détermine le terme de la période de portage, mais les parents et leurs enfants, en relation les uns avec les autres.

Le porte-bébé n'est pas tout : je rencontre souvent des parents qui, faute d'expérience, d'information et de soutien, ont renoncé au passage sur la hanche ou au dos et au portage en écharpe vers un ou deux ans. La découverte du portage latéral ou dorsal leur réserve pourtant bien des joies et peut simplifier nombre de situations.

Autre cas de figure : l'enfant manifestant le besoin de voir le monde, ses parents le portent face au monde. C'est techniquement possible jusqu'à environ deux ans, mais ne constitue pas la solution idéale – nous en reparlerons plus loin. L'enfant grandissant et se faisant plus lourd, certaines mères passent le relais à leur compagnon.

Sécurité sur la route

Porter son enfant dans le monde, pour qu'il l'appréhende concrètement à partir de l'endroit le plus sûr qui soit, c'est possible ! Le porte-bébé, instrument de survie des petits enfants depuis l'origine de l'humanité, rend leur mobilité aux parents d'aujourd'hui et les réintroduit au cœur de la vie sociale en toute sécurité. Si les prédateurs sauvages ou domestiques qui menaçaient autrefois nos bébés ne font plus partie du paysage, les prédateurs roulants ne sont pas moins dangereux. Les bébés portés se trouvent bien au-dessus des pots d'échappement. Ils ne sont pas mis en danger en première ligne pour traverser la rue, comme dans un landau par exemple.

Le portage en voiture par contre est tout à fait déconseillé. Un siège auto adapté à l'âge de l'enfant est de loin préférable. Vous pouvez éventuellement rassurer votre enfant en lui massant les pieds, en chantant, en lui parlant.

Un parent dynamique

Le portage est une activité tout-terrain, passe-partout ; telle une moto qui dépasse les files de voiture sans difficulté, le porteur échappe aux encombrements dans les couloirs d'école et dans les magasins, par exemple. Le portage surprend, ouvre des portes, élargit la mobilité des parents. À vous les bus, trams, trains, métros, couloirs d'aéroport, escaliers roulants, bois, plages…, jusqu'à l'intérieur de votre domicile, puisque vous pouvez même aller au petit coin sans devoir déranger bébé qui s'est endormi dans son porte-bébé ! Vous avez la possibilité d'être parent sans être nécessairement sédentaire assis.

C'est une jolie occasion de développer une image légère et dynamique de soi en tant que parent. Les mouvements de concert contribuent au développement du sens de l'orientation (à domicile, tandis que maman passe d'une pièce à l'autre, bébé observe et prend des repères), dans un environnement qu'il découvre activement. S'il en connaît différentes composantes, par la vue, l'odorat, etc., il lui manque le toucher. Il apprécie que le porteur lui passe un élément lié à son activité afin de pouvoir jouer dans son dos ou sur sa hanche à l'imiter.

Un petit porté actif

Enveloppés avec notre enfant dans une écharpe qui nous entoure une, deux ou trois fois le buste, nous ne sommes pas, dans un premier temps, confrontés au fait que l'enfant est capable de s'équilibrer par rapport à nous tandis que nous bougeons. Un essai avec le Tonga®, par exemple, sera très révélateur à ce sujet et nous permettra de prendre mieux conscience de la part active assumée par ce petit être dans le ballet que nous dansons à deux.

Les enfants investissent leur corps et la relation parent-enfant est vécue de façon beaucoup plus physique. On prend des repères positifs qui marquent la relation. En tant que parent, on peut ressentir son corps d'une nouvelle façon, dans une grande intimité dynamique avec son enfant. C'est assez proche de la découverte du contact que l'on peut faire en allaitant ou en massant son enfant, mais il y a un énorme plus : le mouvement vécu ensemble, l'un avec l'autre et l'un par rapport à l'autre. L'enfant qui suit tous nos mouvements avec ses muscles, passivement (s'il ne fait pas face au corps du porteur) ou activement (s'il lui fait face et si d'autres critères sont également satisfaits), qui s'équilibre par rapport à nous, est bien loin d'un petit pantin désarticulé, ballotté dans une culotte, comme les bébés le sont souvent dans les porte-bébés kangourou ou dorsaux à armature métallique. Les sensations procurées par le contact en mouvement permettent au porteur de sentir l'enfant en sécurité.

En bonne posture pour le portage actif, il n'est pas seulement transporté. Il s'accroche avec tout son corps, cuisses écartées et relevées, toute l'assise largement enveloppée jusque dans le pli du genou. Le bassin, les hanches, la colonne sont bien placés, le dos naturellement arrondi et la tête est spontanément soutenue par un enfant qui acquiert graduellement et rapidement le contrôle des mouvements de son corps, en relation avec ceux du porteur. Il apprend à connaître son corps et à l'utiliser dans un contexte motivant par les stimulations qu'il lui offre et sécurisant par l'enveloppe que constitue le porte-bébé[59]. Les situations d'apprentissage qui se présentent le renforcent dans sa sécurité. Il est accompagné dans les situations nouvelles.

III

En pratique

Le porte-bébé idéal n'existe pas. Vous trouverez ici présentés des porte-bébés qui permettent au porteur et à l'enfant porté de vivre ensemble diverses situations de façon adaptée. À vous d'essayer ensuite celui ou ceux qui, au-delà de leurs caractéristiques objectives (nombre de positions de portage, facilité d'installation et durée d'utilisation) vous mettent personnellement en confiance. Il n'y a pas de meilleure position pour tel ou tel âge : il s'agit surtout d'apprendre concrètement à régler un porte-bébé pour qu'il épouse au plus près deux corps harmonieusement assemblés. Il n'y a pas non plus de meilleure façon d'être avec son enfant. Il y a des familles, des relations, des envies, des moments où l'on se sent prêt à faire, ensemble, un pas de plus...

Les porte-bébés symétriques, qui mobilisent le buste entier et, hormis certains, couvrent les deux épaules, sont généralement préférés pour les longs moments de portage, les siestes de bébé et les déplacements à l'extérieur du domicile. Les porte-bébés dans lesquels bébé entre et sort très facilement – les positions du hamac et du croisé simple dans l'écharpe et tous les porte-bébés asymétriques – servent beaucoup à domicile ou dans des moments où il faut faire vite : au sortir de la voiture sur un parking, pour diverses haltes, les courses et l'allaitement à la demande. La simplicité d'installation des porte-bébés asymétriques en fait de parfaits compléments aux systèmes symétriques.

Il reste que chacun trouvera à tel ou tel porte-bébé, à telle position, un usage particulier en fonction de ses particularités physiques, de ses activités pendant le temps où bébé est porté, en fonction du milieu ambiant : l'hôpital, la piscine, la plage, la forêt sont autant d'exemples de lieux déterminants quant au choix du porte-bébé employé à un moment donné. Les papas et les mamans n'utilisent pas nécessairement le même système ou les mêmes positions avec bébé, ce qui permet à celui-ci des découvertes et des expériences d'autant plus variées dans des situations globalement rassurantes.

Porter bébé permettra à l'adulte (ou au grand enfant) de décoder les besoins du bébé et d'y répondre promptement. Cela évitera bien du stress à l'un comme à l'autre. Si bébé pleure, il pourra être accompagné dans ses pleurs par une présence réconfortante. Il pourra décharger ses tensions sans la terreur ajoutée par une solitude imposée.

Le portage près du corps est le seul qui soit respectueux des corps. Il permet aux partenaires d'être à l'écoute l'un de l'autre.

Voyons ensemble quelques principes fondamentaux du portage respectueux des corps du porteur et du petit porté.

Recherchez de bonnes sensations

Comment votre bassin est-il placé ? Comment sentez-vous vos épaules ? Vos jambes ? Votre dos ? Les muscles de vos épaules ? Êtes-vous cambré(e) ? Tenez-vous facilement votre périnée ?

Une grande surface de contact porteur-enfant permet d'être à l'écoute de nos sensations internes et des messages que l'enfant nous communique par pression et contact. Ce contact nous permet d'obtenir de nombreuses informations. Il devient alors possible de trouver le confort à deux. Évitez de suspendre un bébé, même à divers points d'ancrage sur son corps, pour l'accrocher au vôtre, comme s'il n'était qu'une charge passive au contact aléatoire. Veillez à le positionner bien en hauteur et très en contact, de sorte qu'il puisse être actif et s'accrocher à vous. N'acceptez pas de porter votre enfant dans des systèmes qui imposent une barrière entre vous deux ou qui vous font mal. Vous n'êtes pas responsable de leur conception fantaisiste. Le buste est parfaitement conçu pour porter un enfant. Cependant, "porter n'est pas supporter"[60]. Vous n'obtiendrez pas de confort, encore moins de plaisir, dans le portage si les muscles de vos épaules ou de votre ventre sont blessés par un porté-bébé ou si votre enfant n'est pas en contact étroit avec vous.

Installez bébé bien en contact

Il est primordial de mettre de notre côté le jeu des poids et contrepoids. Plus la zone de contact est large, mieux le poids de l'enfant est intégré à notre buste. C'est le "principe du déménageur" : pour porter une charge, quelle qu'elle soit, nous la soulevons spontanément tout contre nous et non à bout de bras. Cela réduit de façon conséquente l'effort à soutenir. Les centres de gravité du porteur et du porté se rejoignent. Si les jambes de bébé sont bien écartées et relevées, en dynamique avec le porteur en action, elles permettent au bas du ventre de l'enfant de toucher le buste du porteur ; elles entourent le bassin du porteur et ajoutent encore à cette surface de contact, permettant ainsi à l'enfant d'être actif dans le portage et le rendant... étonnamment léger.

Bien ancré sur votre corps

Le corps d'un être humain qui porte un enfant lui offre des points d'ancrage adaptés. La poitrine de la femme peut supporter l'appui du rebord supérieur d'un pagne (celui-ci est quelquefois installé en dessous de la poitrine). Les hanches créent des creux propices à l'agrippement des petites cuisses. L'enfant utilise ses jambes telles des pinces incroyablement efficaces, d'autant plus efficaces lorsqu'il remonte les genoux et s'équilibre sur cette monture. Les orteils et les doigts des mains participent à cet agrippement global d'un corps à un autre. L'enfant participe d'autant mieux que nous lui proposons, pour s'accrocher à nous, des points osseux et non musculaires, c'est-à-dire la hanche ou le dos, qui se prêtent mieux au portage que le ventre.

Un enfant expérimenté est capable de s'accrocher activement sur notre dos ou notre hanche, ses jambes enserrant nos hanches. S'il passe sur notre ventre, ses jambes glissent. Il n'a pas d'appui osseux. Il faut donc lui offrir un large soutien à ce niveau.

Pour plus de confort, il est important d'enrober généreusement de tissu nos points d'appui (les épaules, les hanches) avec l'écharpe installée en simple croisé, afin de distribuer la pression exercée par le porte-bébé sur nos os plutôt que sur nos muscles. La largeur de ce tissu sera bien plus déterminante pour notre confort que la présence de rembourrage, qui s'avère en définitive surtout utile pour son effet psychologique sur nous, apprentis porteurs !

Porté très haut, "à portée de bisou"

Le portage sur le dos ou sur la hanche offre simultanément au porteur une liberté d'action et de mouvement optimale et à l'enfant un champ de vision étendu, surtout si le bébé est porté très haut. Dans les bras, nous portons spontanément nos enfants tout contre nous, tournés vers nous, leur tête proche de la nôtre. La hauteur de portage est déterminante. Une chance : ce portage ventral "à portée de bisou" se situe bien au dessus des muscles abdominaux sollicités par la grossesse et ne les surcharge pas. Cela nous évite de nous cambrer.

Contact intense, autonomie et liberté de mouvement

Certaines personnes méfiantes et ignorantes des réalités du portage sous-entendent que lorsque bébé est porté, il n'est pas libre de ses mouvements et se trouve coincé dans une bulle mère-enfant étouffante au niveau psychologique. Pourtant, il peut, grâce au portage, être intégré à une vie sociale réunissant des membres de toutes les générations. Quelle richesse pour tous ! Paradoxalement, c'est le contact intense avec le porteur qui lui garantit une grande liberté de mouvement.

Grâce à l'assurance que procure à l'enfant l'ancrage qu'il a sur le buste du porteur, il peut prendre l'initiative de mouvements par rapport à celui-ci et découvrir ses premiers mouvements autonomes vers l'extérieur : mouvements de la tête, d'un bras, du buste… Porteur et enfant porté mènent dès lors leur vie conjointement et individuellement. Dans de bonnes conditions, ils peuvent se sentir suffisamment en sécurité pour adopter une large variété de postures, accélérer le pas, voire courir. L'enfant, partenaire actif et réactif – mais ne l'était-il pas déjà avant de naître ? – peut bouger bras et jambes à l'envi et jouer au petit cavalier en prenant appui sur le porteur de tout son corps. Il peut monter et descendre son assise dans la dynamique du mouvement.

Postures du petit enfant

Jambes écartées et accrochées, jambes jointes, croisées ou en tailleur ; bébé bercé, rassemblé, rassuré, plus ou moins allongé ou redressé en position fœtale : dans tous les cas, l'important est de veiller à installer bébé sur ce qu'on appelle en haptonomie sa "base de sécurité" : bassin basculé, sacrum soutenu, cuisses complètement enrobées pour qu'il jouisse d'un très large appui.

Le siège du petit enfant est la partie de son corps qui est installée en priorité dans le porte-bébé. Ceci permet au corps tout entier de l'enfant de s'équilibrer ensuite par rapport au corps du porteur. On évite absolument de mettre bébé en appui sur ses pieds dans le porte-bébé.

Un, deux, trois tours du buste ?

Si une écharpe de 4,60 ou 5,20 m peut faire trois tours de notre buste et nous rendre l'accès au portage plus rassurant qu'une écharpe courte ou un pagne, elle nous donnera plus de travail de réglage pour obtenir un bon corps à corps. C'est une étape dans notre intégration de la notion de portage. Ce n'est pas un idéal. On peut obtenir d'excellentes sensations de portage avec moins de tissu. Encore faut-il tendre le tissu pour sentir son enfant très près de soi, très haut sur le côté, dans le dos ou devant.

Lové en position couchée

Le portage en position couchée est surtout utilisé dans les semaines qui suivent la naissance et les premiers mois, mais il ne constitue pas un passage obligé. Tournez bébé face à votre corps. Il sera plus léger, car plus en contact avec vous que s'il repose sur son dos.

Accroché en position grenouille

Le portage vertical, en position grenouille, est envisageable dès la naissance et à volonté, si bébé est bien soutenu. Les bébés prématurés et ceux atteints d'un reflux sont, pour diverses raisons, principalement portés dans cette position[61]. Il importe d'ajuster autour du corps de l'enfant une poche qui le soutienne de partout, tandis qu'il se love (en position fœtale) ou "s'accroche" dans une posture physiologique, à un endroit et à une hauteur du buste du porteur qui permettent à celui-ci de le porter confortablement, en respect de son propre corps et particulièrement de son dos et de son périnée.

La plante des pieds de bébé – visible de devant quand il est porté sur le dos, visible de derrière quand il est porté sur le ventre ou visible d'un côté quand il est à califourchon sur la hanche opposée – est signe que son bassin est correctement basculé.
N'attendez pas de lui qu'il adopte cette position d'emblée. Pour lui montrer le chemin en douceur, vous pouvez prendre chacun de ses pieds dans l'une de vos mains et, doucement, faire monter ses pieds. Les jambes se plient, les genoux montent, les cuisses s'ouvrent : votre enfant se rapproche et se fait plus léger. Invitez-le à avancer les pieds de part et d'autre de votre corps... Il y viendra peu à peu.

Et la tête ?

Correctement installé et soutenu, le renfort pour soutenir la tête de bébé devient presque inutile. Nul besoin, en tout cas, d'enfouir celle-ci complètement dans le porte-bébé, au risque de la bloquer et de gêner l'enfant. On pourra, tout au plus, déployer le tissu vers le haut jusqu'au niveau des oreilles pour lui garantir un soutien qui ne bloque pas sa tête. En effet, un nouveau-né bien soutenu au niveau du bassin porte sa colonne dans une position qui dépend de sa maturation motrice. En éveil, accompagné d'un léger soutien, il tient sa tête. *« Grâce à la musculation du cou et des épaules et aux contacts sociaux en dehors de la dyade mère-enfant, la lordose cervicale (lordose = courbure vers l'avant) se forme en quelques semaines. [...] La vie dans l'écharpe permet à l'enfant qui grandit de se tourner progressivement de son premier univers, la mère, vers un environnement social sans devoir quitter la sécurité que lui procure sa mère. [...] Par le "transport" en écharpe ou plutôt par le contact physique avec la mère, les enfants viennent paisiblement en consultation chez le pédiatre et ne développent pas ou peu de craintes face aux examens, comme on a l'habitude de le voir. »*[62]

Lové en position fœtale

Si un enfant né à terme n'est pas prêt à écarter les jambes ou si vous craignez de l'inviter à adopter la position grenouille, vous pouvez très bien l'installer en position fœtale face à vous ou assis, son côté contre votre torse. Ses fesses reposent au fond de la poche. Lorsque vous vous sentirez tous les deux prêts, laissez sortir ses cuisses vers les côtés. Au fil des jours, il trouvera de lui-même la position grenouille qui lui permettra un ancrage optimal sur votre buste, votre hanche ou votre dos.

Donnez-vous du temps !

Lors de vos essais, il se peut que bébé pleure. Il se peut aussi que vous soyez inquiet ou tendu. Chaque essai vous permettra d'améliorer la collaboration avec votre enfant et votre maîtrise des gestes utiles. L'installation sera plus aisée si vous vous entraînez dans des moments calmes où aucune urgence ne vous presse.

Le portage face au monde

Ce mode de “suspension” (plus que de portage), les jambes pendantes vers l’avant, est actuellement très demandé par les parents qui découvrent l’écharpe. Cette technique est proposée en option de la majorité des porte-bébés kangourou. Ce n’est pas, et de loin, le mode de portage le plus confortable pour le porteur comme pour l’enfant. Les parents pensent parfois être un obstacle visuel pour leur enfant lorsqu’il est tourné vers eux en position ventrale. Ils craignent aussi d’installer bébé sur leur dos ou sur la hanche. Cela demande de la concentration ; cela demande de franchir un ou plusieurs obstacles culturels : on ne voit pas bébé s’il est sur le dos, mais on apprend à décoder de nouvelles sensations. Il existe un compromis confortable qui consiste à asseoir bébé, tel un petit Bouddha, dans un hamac ou un croisé sur le ventre (cf. p.83).

Certaines personnes souhaitent porter leur enfant très tôt vers l'avant parce qu'elles ont fait une préparation affective à la naissance ou de l'haptonomie. On leur a conseillé de porter l’enfant dans les bras très tôt tourné vers l’extérieur. Elles l'y ont invité par les jeux appris lors de ces préparations. Cependant, s’il est tourné trop longtemps et systématiquement vers le monde, bébé risque d’être surstimulé et d’avoir des difficultés à s’endormir ou à prendre plaisir dans la détente au moment présent. L'enfant a bien le temps de découvrir le monde. Nul besoin de précipiter les choses. Il manifestera de lui-même sa motivation lorsque le moment sera venu pour lui de s'y intéresser.

- *Évitez d'installer votre enfant en appui sur ses pieds,* ceux-ci étant pris dans le porte-bébé. La zone d'appui par excellence est l'assise très large du bébé (n'hésitez surtout pas à déployer le tissu en double épaisseur, suivant les cas, de l'intérieur d'un genou à l'intérieur de l'autre, et vérifiez que les genoux de l'enfant sont bien placés plus hauts que ses fesses).
- Évitez de le suspendre avec pour seul appui une bande de tissu sur laquelle reposerait son entrejambe (imaginez les sensations…), les jambes pendantes. Il mérite que vous consacriez quelques instants de plus à son installation, pour son plus grand confort, sa sécurité intérieure, le soutien de son dos et du vôtre. Car si vous suspendez l'enfant à votre corps dans cette position, comme un poids mort, vous risquez de le regretter peu après et d'hésiter à retenter l'expérience, pour cause d'inconfort et de mal au dos. Vous aurez fait du transport dans de mauvaises conditions. Vous aurez porté l'enfant en écharpe, certes, mais d'une manière équivalente à ce que vous auriez fait avec un porte-bébé kangourou (cf. p. 64).

Positions intermédiaires

Je souhaite mettre ici en lumière les caractéristiques générales d'un portage respectueux des corps, dans des positions où bébé est plus ou moins actif. Une foule de situations intermédiaires vont être réalisées, en fonction du porteur et de son expérience, du petit porté, de son expérience, de sa tonicité, de son éveil ou de son sommeil, de leur relation débutante ou bien ancrée, de leurs préoccupations, centres d'intérêt et activités du moment, du temps qu'il fait, des caractéristiques propres au porte-bébé utilisé et de la façon, chaque fois un peu différente, dont tout ceci se conjuguera.

Certains bébés aiment orienter leur corps d'une façon particulière. Certains parents ont tendance à porter bébé en position ventrale décalé vers la gauche, du côté du cœur. Le porte-bébé change aussi légèrement la donne. Par exemple, avec le "podaegi" coréen, sorte d'hybride entre le pagne et le porte-bébé chinois, le couple porteur-porté fera une expérience légèrement différente, y compris dans la posture de l'enfant.

Prévention et rééducation de la hanche

Tout parent a le moyen d'offrir le meilleur mode de prévention ou de rééducation de la hanche à son enfant : le portage sur son propre corps ! Il suffit pour cela d'utiliser un porte-bébé qui soutient l'enfant en grenouille, cuisses écartées et relevées. Car ce mode de portage ancestral prévient l'étirement des hanches.

En Allemagne, l'intérêt du portage dans le cadre de la prévention et du traitement de la dysplasie[63] de la hanche est davantage reconnu que dans les pays francophones. C'est compréhensible lorsqu'on sait que la production et l'utilisation d'écharpes porte-bébé a démarré dans ce pays en 1972 et que plusieurs spécialistes germanophones se sont penchés sur la question et ont eu recours au portage dans ce cadre thérapeutique précis : un traitement qui présente l'avantage de favoriser l'autonomie des parents et le plaisir dans la relation à leur enfant[64]. Un écartement modéré des cuisses est excellent pour les enfants.

Les problèmes de hanche sont plus fréquents dans les sociétés qui utilisent intensivement l'emmaillotage de longue durée ou la poussette que dans celles où l'on porte les bébés à longueur de journée avec les cuisses écartées et relevées[65]. Le Dr Kirkilionis[66] explique que le petit humain est "préadapté" pour s'installer sur la hanche de l'adulte qui le porte (dès quatre semaines). C'est un "Tragling", soit un petit fait pour être porté. Les petits singes sont des "petits portés actifs" qui s'agrippent au pelage de l'adulte avec leurs pattes. Lorsque nous sommes devenus bipèdes, nous avons perdu en force d'agrippement dans l'extrémité de nos membres et nous nous sommes installés sur la hanche de nos parents et proches.

Des pédiatres occidentaux ont observé que les bébés africains, portés en position grenouille, souffraient moins des hanches. Par imitation, ils ont donc mis au point des culottes de rééducation qui maintiennent les bébés atteints de dysplasie en posture grenouille – cuisses écartées et relevées[67]. Pourquoi n'ont-ils pas tout simplement préconisé le portage, qui écarte naturellement les jambes, dans une dynamique qui favorise la rééducation (surtout lorsque bébé est porté sur la hanche) ? Le Dr Kirkilionis explique que la position la plus indiquée est le portage sur la hanche, car l'enfant bénéficie du mouvement de marche du porteur. D'autres positions intéressantes sont toutes celles – ventrales et dorsales – où l'enfant est en grenouille avec les genoux plus haut que les fesses, tandis que la position en berceau, jambes jointes, est déconseillée[68].

Portage et allaitement

Certaines mamans qui portent leur bébé et qui l'allaitent ne combinent pas souvent ces deux activités et profitent des tétées pour s'asseoir et se détendre. Mais il arrive que dans une file d'attente, au détour d'une promenade ou lors d'un rendez-vous, elles soient amenées à tenter l'expérience d'une tétée avec porte-bébé.

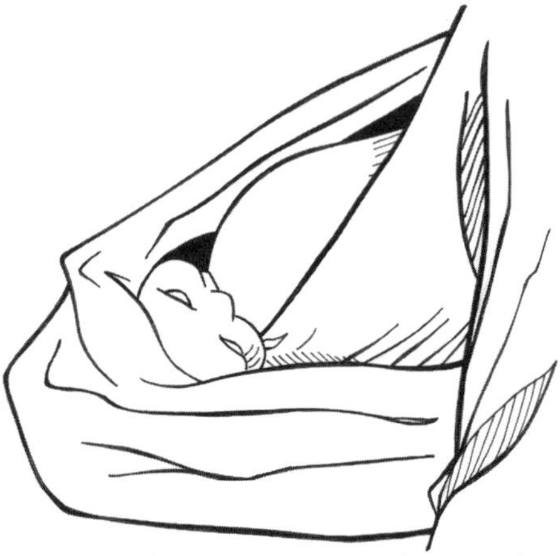

D'autres mamans considèrent le portage comme le compagnon de tous les instants, de toutes les tétées ou presque. Certains grands bébés affectionnent particulièrement d'être tout emballés dans leur porte-bébé au moment de se détendre au sein de maman. À chacun son histoire !

Porter et détente entre tétées douloureuses

Les mamans qui font face à des tétées temporairement douloureuses sont encouragées à porter leur enfant entre les tétées afin de trouver du plaisir dans la relation, en attendant de trouver et d'éliminer la cause de ces douleurs.

Portage et sevrage inopiné

Pour les mères dont l'enfant s'est sevré plus tôt qu'elles ne le souhaitent, de façon naturelle ou suite à des difficultés, le contact physique et prolongé peut constituer une aide précieuse dans l'acceptation de ce sevrage.

Portage et tétées

Le porte-bébé peut remplacer les accoudoirs d'un fauteuil ou un coussin d'allaitement quand la maman n'en dispose pas. Elle évite ainsi de porter son bébé avec les bras et d'avoir mal aux bras. Rien de tel pour stimuler la lactation que le contact prolongé maman-bébé et des tétées à la demande. Bien positionné contre le ventre de sa mère, bébé tétera confortablement sans dommage pour le dos de celle-ci. Si elle s'assied sur un banc sans dossier, un support stable pour ses pieds l'aidera à s'équilibrer. Elle évitera tout appui sur son sein (les boucles réglables du hamac ou du Tonga® sont à placer bien au-dessus du sein pour ne pas comprimer les canaux lactifères et causer ainsi un engorgement). Installé à bonne hauteur, le corps tourné face à sa mère, bébé ne tourne pas la tête. Il est suffisamment près pour bien saisir l'aréole sans avoir à tirer dessus (afin d'éviter les risques de crevasses). Il est parfois utile à la maman de soutenir son sein avec une main.

Le nez du nouveau-né – conçu pour qu'il puisse respirer facilement dans cette position – touche généralement le sein de sa mère pendant la tétée. Plus âgé, il en sera souvent écarté. Toutes les variantes existent. *« Ce qui est important, c'est l'ouverture de la bouche, la position de la langue, le fait que le bébé n'ait pas la tête fléchie vers l'avant (éviter que son menton ne soit proche de son thorax). »*[69] – *« L'articulation entre la tête et le cou est fortement sollicitée pendant la tétée et doit rester parfaitement libre. Pour cela, il convient de tenir fermement le bébé par les fesses et le dos, mais pas par la tête ou la nuque qui sont soutenues, mais libres. C'est à cette condition que le bébé peut téter de manière efficace et aussi longtemps qu'il en a besoin. »*[70]

On cherchera donc un juste équilibre dans le réglage du porte-bébé afin de ne pas coincer la tête de bébé. Régler la tension des bords du porte-bébé afin de procurer à la tête un soutien adapté sans la caler sera la plupart du temps suffisant, même avec un nouveau-né.

Pour des tétées confortables

Pour allaiter en portant son bébé, la mère a le choix entre plusieurs positions. L'important est qu'elle trouve une position qui lui plaise et qu'elle installe son enfant d'une manière qui soit confortable pour eux deux. *« Le confort physique au moment des tétées [...] facilite la réaction d'éjection du lait. Il permet de donner le sein au bébé aussi souvent et aussi longtemps qu'il le désire. Il permet à la mère de vivre sereinement l'allaitement et de s'épanouir dans la relation avec son enfant. »*[71]

Positions pour donner le sein en portant bébé

Bébé est porté *« le nombril tourné vers sa mère »*[72], qu'il soit lové en position madone, incliné ou en grenouille. Porté en grenouille, à la verticale, il est descendu suffisamment bas, la bouche face à l'aréole. Cette position est souvent pratiquée avec les prématurés, les bébés à reflux, ceux portant une culotte d'abduction ainsi que pour stimuler les bébés hypotoniques. Le portage bas peut toutefois entraîner une cambrure chez la maman, d'où une difficulté à tenir le périnée. L'inclinaison partielle ou totale du bébé sur le côté, vers une position où il sera lové contre le ventre de sa mère, est une alternative pour éviter d'avoir à trop descendre bébé. Porté à califourchon sur la hanche, l'enfant a également accès au sein. On le descend à bonne hauteur et on le remonte une fois la tétée terminée.

Les avantages et les inconvénients de chaque solution sont à évaluer par la maman.

IV

Les porte-bébés

J'ai fait le choix de n'évoquer ici que des porte-bébés souples, même si certains modèles traditionnels ou actuels recourent à des matières rigides – allant du bambou jusqu'au métal. Je me souviens d'une séquence vue à la télévision: un enfant était porté par un homme dans un porte-bébé dorsal à armature métallique. L'homme courait et l'enfant était ballotté en tous sens, sans contact avec son porteur ou plutôt son transporteur. Nul n'est besoin, en fait, de structure rigide pour installer un enfant sur le corps d'une personne.

« Le portage dans un berceau correspond statistiquement aux zones où les températures hivernales descendent au-dessous de 10° C, que ce soit sur le continent américain, européen ou asiatique. Le portage dans une étoffe, de type africain, se situe dans les zones où les températures des mois d'hiver sont supérieures à 10° C. Bien que

l'on puisse trouver des exceptions comme en Afrique du Nord ou bien chez les Esquimaux du Nord canadien, cette répartition n'en reste pas moins frappante. »[73]

Les porte-bébés kangourou

Ces porte-bébés permettent d'offrir soutien, présence et bercement à l'enfant. Leur sophistication, née de la recherche d'un système idéal pour accrocher un enfant passif à un porteur de taille moyenne, les enferme dans d'étroites possibilités d'utilisation. L'idée qu'une dynamique toute en finesse s'installe entre les deux partenaires n'est pas prise en compte. Bébé n'a pas la possibilité de s'accrocher et de s'intégrer au buste du porteur. Les deux partenaires n'évoluent donc pas en contact étroit. L'enfant est porté très bas, ses jambes pendant à la verticale contre les cuisses du porteur, le gênant ainsi pendant la marche. Il est par conséquent bien plus lourd et les brides scient les épaules et le dos du porteur après quelques mois (au lieu de plusieurs années avec une écharpe bien installée).

L'enfant est suspendu sur un entrejambe souvent trop étroit (même large, il atteint rapidement ses limites), en appui sur ses parties génitales. Il ballotte parfois à distance du buste du porteur et à contretemps par rapport au rythme de la marche. Cette distance entre les deux partenaires peut être source d'insécurité pour le porteur et le bébé, qui peut glisser vers l'avant ou le côté lorsqu'il est petit.

Les porte-bébés kangourou actuels semblent encore conçus avec l'hypothèse selon laquelle le dos du nouveau-né doit être bien droit : on ne tient pas compte de sa position tout arrondie. Il est entouré de façon approximative et s'affaisse à l'intérieur ou se retrouve en hyperextension, suivant les cas, par exemple lorsqu'il est tourné face au monde. Il ne reçoit pas de soutien sur mesure, loin de là. D'où les limites d'usage que l'on entend souvent dans la bouche même des vendeurs de ces systèmes : « Pas plus d'une heure de portage par jour. » – « Pas avant 53 cm. »

Les angles dans la structure, les coutures, les rembourrages, les nombreuses boucles de réglage (lorsqu'elles fonctionnent !) les rendent compliqués à l'usage et limités dans le temps. Ils ne suivent pas longtemps l'évolution du poids et de la taille de l'enfant. Les possibilités de réglage en hauteur sont minces. Ils s'adaptent très peu à la morphologie des porteurs et beaucoup de parents, petits ou grands, minces ou larges ne peuvent même pas les utiliser. Nombre de ces systèmes sont dotés d'un écran aux sensations entre l'enfant et le porteur et permettent rarement de donner le sein sans devoir sortir bébé du porte-bébé. Des épaisseurs de matières synthétiques s'interposent souvent entre l'enfant et son porteur. On l'empêche donc de réaliser ce pour quoi l'évolution biologique l'a conçu : être un petit partenaire actif et soutenu de façon respectueuse. Si l'enfant est porté face au monde, jambes pendantes, le porteur doit forcer avec les muscles du dos. Cela peut sembler anodin avec un petit bébé léger, mais cela fait rapidement mal. Le centre de gravité du couple parent-enfant est déplacé vers l'avant, ce qui oblige le porteur à compenser par une cambrure plus importante.

Ces porte-bébés tendent peu à peu à imiter des techniques traditionnelles de portage. Certains présentent une croix dans le dos du porteur (le croisement sur le buste se retrouve, notamment, dans les techniques de portage asiatiques), des brides et un entrejambe légèrement plus large qu'auparavant – mais encore trop étroits et trop rigides. Quelques rares modèles, plus souples et dotés d'un système de réglage simple, sortent du lot et offrent un confort appréciable plus longtemps que les autres.

Quelques porte-bébés traditionnels souples

Dans les différents porte-bébés chinois, laotien ou encore africains, l'enfant est porté en grenouille dans le dos. Cela lui permet de participer aux activités de la mère dans un confort optimal. Le poids du corps est bien réparti sur le buste de l'adulte.

> Si l'enfant s'endort, le porte-bébé sera dénoué et renoué un peu plus haut, de façon à maintenir la tête de l'enfant bien en contact avec le dos du porteur (le bord supérieur du porte-bébé sera installé un doigt au-dessus des oreilles de l'enfant).

L'adulte étant en mesure d'avoir une vie sociale et active "normale", l'enfant s'y trouve rapidement mêlé.

Le porte-bébé asiatique

Ce porte-bébé à lanières est connu sous de multiples variantes en Chine *(Mei Tai),* au Vietnam, au Laos, au Japon *(onbuhimo)* et ailleurs. Il est constitué d'un carré ou d'un rectangle de tissu et de deux (ou quatre) lanières partant des coins. Ces lanières viennent se croiser sur le torse du porteur, puis dans le dos, ou s'entrecroisent autour des cuisses de l'enfant avant d'être nouées. Confortablement assis dans le dos du porteur comme dans un petit siège, l'enfant fait corps avec lui.

Certains modèles traditionnels sont équipés d'un filet ou rectangle de tissu que l'on tend autour de la tête de l'enfant endormi afin d'éviter qu'elle ne ballotte. D'autres sont fendus au siège afin de faciliter l'hygiène naturelle. Ces porte-bébés font l'objet d'un grand investissement artisanal et affectif en vue de la naissance d'un enfant. La couleur rouge, en Chine symbole de prospérité et de bonheur, s'y retrouve souvent, accompagnée de phrases telles que : « Maman et bébé sont bien ensemble. » Ces porte-bébés sont traditionnellement utilisés tant par les hommes que par les femmes.

La base de ce porte-bébé est installée deux doigts au-dessus du nombril du porteur. Ce portage en hauteur et le croisement des lanières sur le buste (en cas de portage sur le dos) ou dans le dos du porteur (en cas de portage sur le ventre) assurent une excellente répartition du poids de l'enfant.

Le pagne

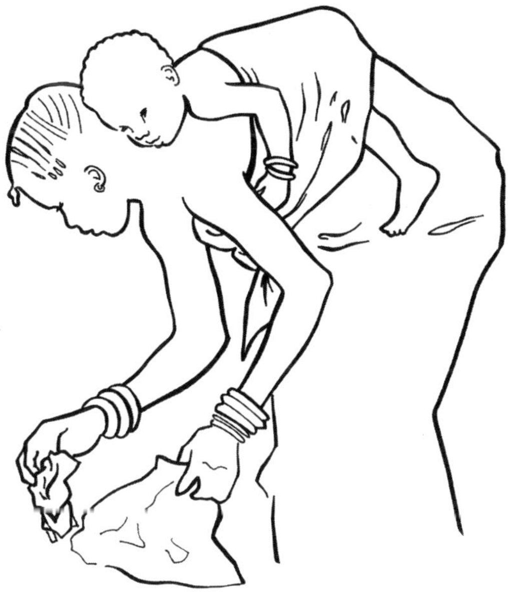

C'est un simple rectangle de toile, attaché en deux points (l'un au-dessus et l'autre en dessous des seins). Il existe diverses techniques de nouage : le tissu est noué, entortillé et coincé, ou encore roulé au-dessus de la poitrine de la femme, puis attaché au niveau du ventre. L'enfant fait corps avec la porteuse, plaqué sur son dos, et ses jambes enserrent les hanches de la mère ou de ses aides (femmes, adolescentes, enfants, filles et garçons). Bien souvent, on ne voit de face que les pieds de l'enfant qui s'avancent sur les côtés. Le corps qui le porte est le lieu de vie du bébé, qui y fait de nombreux apprentissages. Ce morceau de tissu peut avoir d'autres usages. L'enfant porté dans le pagne, qui passe sous les bras de la porteuse, est porté plus bas qu'un enfant dans un porte-bébé chinois ou tout autre système passant au-dessus des épaules du porteur[74].

Les pagnes sont souvent utilisés par deux. Le premier soutient l'enfant et le second apporte un soutien complémentaire, parfois en n'étant attaché que dans le haut. Dans ce cas, le pagne extérieur tombe autour de la mère et de l'enfant comme un vêtement.

Le portage asymétrique, comme le portage dorsal, s'observe un peu partou

Le tsompirontsi ashaninka

C'est un cylindre passant sur une épaule et sous l'autre épaule, servant uniquement au portage des enfants.

Les mères Ashaninka portent leurs enfants presque toute la journée bien haut sur le ventre. Pendant la journée, les bébés sont parfois posés dans un petit hamac. La nuit, ils dorment auprès de leur mère. Ils ne sont pas laissés sans surveillance. Les jeunes filles portent leurs petits frères et sœurs. La fiancée ashaninka fabrique son tsompirontsi avant le mariage. Elle prouve par là son aptitude à remplir son rôle futur. En accrochant des graines au bandeau de coton, elle annonce la naissance de son premier enfant. Ensuite, le tsompirontsi, outre son usage pratique et apaisant par la musique rythmée qu'il produit, acquiert une fonction supplémentaire : il protège l'enfant de forces hostiles. Le bruit produit par les graines cousues au bord du porte-bébé prévient des mauvais esprits, qui se présentent sous la forme de légers courants d'air[75].

Le rebozo

Le rebozo est une écharpe courte d'un peu moins de trois mètres de long qui est utilisée au Mexique et en Amérique centrale de diverses façons : comme foulard, porte charges et porte-bébé. Le poids de l'enfant, installé sur la hanche ou dans le dos du porteur, tend le tissu, qui est ensuite noué sur le torse du porteur. L'enfant est passé vers l'avant en cas de besoin particulier, notamment pour les tétée.

L'awayo

Awayo est un terme Ayamara, la langue des Indiens de l'altiplano bolivien, qui désigne une pièce de tissu à usages multiples. C'est un grand rectangle, presque carré, que l'on plie en pointe avant de le nouer. Un awayo peut servir de châle pour bébé, pour enfant ou pour adulte, de porte-bébé ou de sac. La pièce de tissu est filée sur un simple fuseau et tissée sur un métier portable.

Quelques porte-bébés actuels respectueux des corps

Le Tonga®

Ce filet de portage très léger se porte en bandoulière. Il tient dans la poche, la boîte à gants ou le sac à main. Son poids minime permet de le garder sur soi en permanence et d'y faire entrer l'enfant à souhait, petit ou grand.

Il existe en quatre tailles et en un modèle réglable qui permet un usage allant des plus jeunes enfants pour porter leur peluche aux adultes de grand gabarit. Il se passe facilement d'un porteur à l'autre et s'adapte à tous les âges. Le nouveau-né peut y être allongé (mais pas entièrement contenu). Il y sera rapidement assis, activement ancré sur le ventre, sur la hanche et, plus tard, sur le dos du porteur (pour les enfants expérimentés).

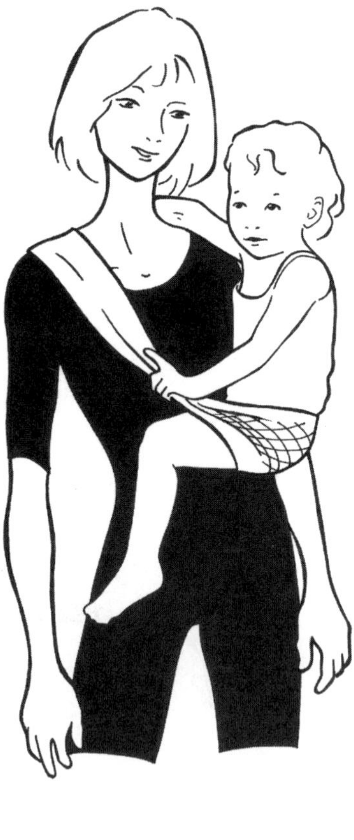

On déploie la partie large du filet Tonga autour de la base de sécurité du tout-petit : les cuisses (il va presque jusque dans le creux des genoux), les fesses et le bas de son dos. Le filet assure une bonne répartition du poids de l’enfant sur le buste du porteur. Il soutient également le poids de l'enfant et soulage ainsi les bras.

Il est nécessaire que le porteur passe un bras autour de l’enfant, le temps que celui-ci apprenne à s’équilibrer par rapport au porteur en mouvement. Il s'enfile très vite, pour faire une course, par exemple. Il sèche rapidement après une baignade à deux ou après la douche. Il est particulièrement adapté quand il fait chaud et peut être utile à des parents souffrant d’un handicap moteur pour soulever un enfant et l’amener à soi[76] ou ponctuellement pour porter de grands enfants fatigués après une longue marche.

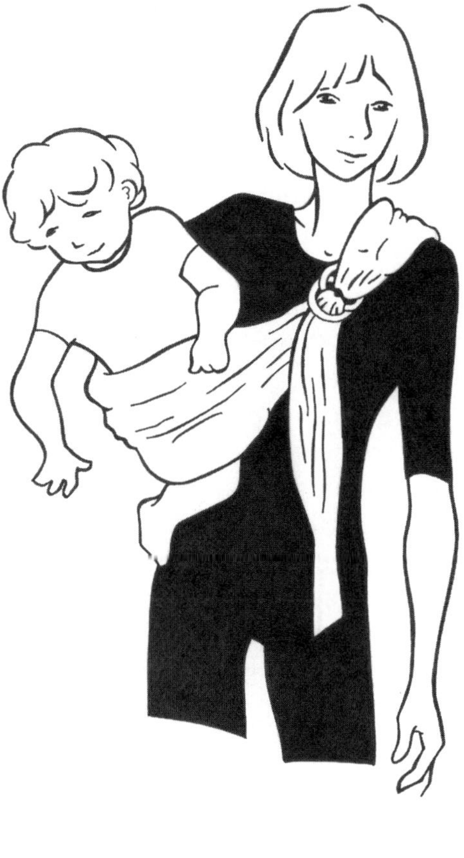

La simplicité d’un tel système permet à certains parents de s’initier en douceur au portage de leur bébé. Pour d’autres, il complétera efficacement une écharpe ou un hamac porte-bébé, pour une installation rapide lors des multiples occasions qui peuvent se présenter.

Le hamac à boucles ou "sling"[77]

Ce modèle nous vient d'Amérique du Nord. Il permet une installation rapide, un réglage précis et stable (selon les modèles). Il se décline dans diverses matières, avec ou sans rembourrage sur les bords de la poche et à l'épaule.

Préférez un modèle équipé d'un système de réglage par boucles. Son utilisation est bien plus simple et il permet le portage ventral, latéral et dorsal jusqu'à trois ans ou plus. La capacité de réglage d'un hamac est primordiale pour votre confort et celui de l'enfant qui, à un même âge, occupera un volume variable à l'intérieur de la poche selon les positions qu'il adoptera.

• La poche du hamac

Le hamac est constitué d'une poche facilement réglable en hauteur et en profondeur, permettant de réaliser diverses positions de portage asymétriques. Nul n'est besoin d'installer bébé, couché ou assis, les jambes coincées au fond d'une poche qui remonte entre lui et le buste du porteur ; vous y perdriez en contact et en plaisir ! Il suffit de bien envelopper bébé dans la poche et de régler ses bords. Bien plus réglable qu'un modèle à "clips" ou à cordon, ce hamac n'est pas réservé aux tout-petits ou aux grands bébés, mais peut faire usage pendant plusieurs années.

L'enfant s'accroche activement au porteur avec ses membres ou est bercé en position fœtale verticale ou inclinée, orienté de diverses façons, bien haut tout contre le corps du porteur. Celui-ci pourra facilement l'ajuster d'une seule main en tirant sur la patte de tissu qui sort de la boucle, afin d'assurer un bon contact – à condition que cette patte soit bien calibrée par rapport à la taille des anneaux utilisés (en métal parfois lourd, parfois très léger, en aluminium ou en matière synthétique ; évitez ceux en bois).

• Modèles rembourrés

Les hamacs rembourrés faciles à régler permettent une approche douce du portage pour les personnes qui craignent d'avoir à faire des nœuds et de devoir gérer une longueur importante de tissu. Ils couvrent plus ou moins largement l'épaule du porteur, avec l'avantage du confort que cela procure ou le désavantage d'être parfois trop encombré par un volume important de matière, par exemple si l'on souhaite ajouter une veste et un sac sur l'épaule par-dessus le porte-bébé[78].

Ils se déclinent en plusieurs tailles. Le rembourrage d'un grand hamac peut empêcher une personne de petite taille de l'ajuster à sa mesure, l'ourlet rembourré de la poche venant buter dans les anneaux lors du réglage[79].

Réglage

- La patte de réglage est très facile à attraper ; elle tourne parfois dans les anneaux (si cela arrive, il est utile de la remettre droite). Après avoir placé l'enfant, on tire sur cette patte afin de procéder à un premier réglage rapide. Entre la patte et les anneaux, on distingue le prolongement des bords de la poche qui contient l'enfant, que l'on tend individuellement afin d'ajuster le réglage.

- Tendre le prolongement du bord supérieur de la poche équivaut à rapprocher bébé de soi.
- Tendre le tissu du hamac entre ces deux bords équivaut à réduire la profondeur générale du hamac.
- Tendre le prolongement du bord inférieur de la poche équivaut à remonter bébé vers soi.

Bébé parvient très rapidement en contact étroit avec le porteur.

• **Modèles non rembourrés**
Ils sont vendus en taille unique et leur patte de réglage consiste en un pan de tissu ourlé sur les côtés que l'on tendra en différents points vers le haut. On jouera avec chaque ourlet (ou bord galonné) du pan et le tissu entre les ourlets pour ajuster l'ensemble au plus près (voir plus haut). Ce pan, très pratique lorsqu'il n'est pas trop long, permet de nombreux usages tels que : écharpe, pare-soleil ou coupe-vent. Lors des tétées, il protège la mère des regards ou des courants d'air indésirables. Ce pan tourne plus facilement dans les anneaux qu'une patte cousue. Des galons cousus sur les bords lui évitent de tourner trop facilement et constituent un repère tactile et visuel pratique pour attraper le bon ourlet à régler.

Les hamacs non rembourrés occupent peu de place, se lavent et sèchent rapidement, permettent un réglage plus près du corps que les modèles rembourrés, ce qui facilite le passage de l'enfant, même très jeune, dans le dos. Les plus confortables sont réalisés en "tissu écharpe" (en sergé croisé solide et fin, pour un portage particulièrement proche du corps du porteur, une bonne répartition des charges sur le buste, sans scier les muscles de l'épaule). De plus, ils permettent à un parent handicapé moteur de maintenir son enfant tout en contact à la maison, pour la tétée et les déplacements en chaise roulante[80].

Le réglage précis de la hauteur de portage propre à ce type de hamac permet d'allaiter bébé à la demande en toute discrétion si la mère le souhaite, et ceci sans efforts musculaires avec les bras pour soutenir l'enfant.

• **Positions pour l'allaitement dans le hamac :** toutes positions où l'enfant est estomac contre estomac avec la mère : position de la madone, bébé couché sur son flanc, son corps se lovant autour du ventre de sa mère ; position kangourou, verticale pour les bébés qui ont un reflux ou légèrement inclinée. Le porte-bébé libère les deux mains du porteur.

- **Positions pour donner le biberon dans le hamac :** position de la madone, l'enfant étant légèrement appuyé sur son dos afin de laisser passer le biberon ; à califourchon sur la hanche et toutes autres postures latérales permettant d'amener le biberon à l'enfant par un côté. Ce porte-bébé libère une main du porteur.

- **Matières rencontrées :** coton, chanvre, lin, flanelle, texture protégeant des rayons du soleil[81] ou synthétique fine non absorbante permettant la baignade avec bébé.

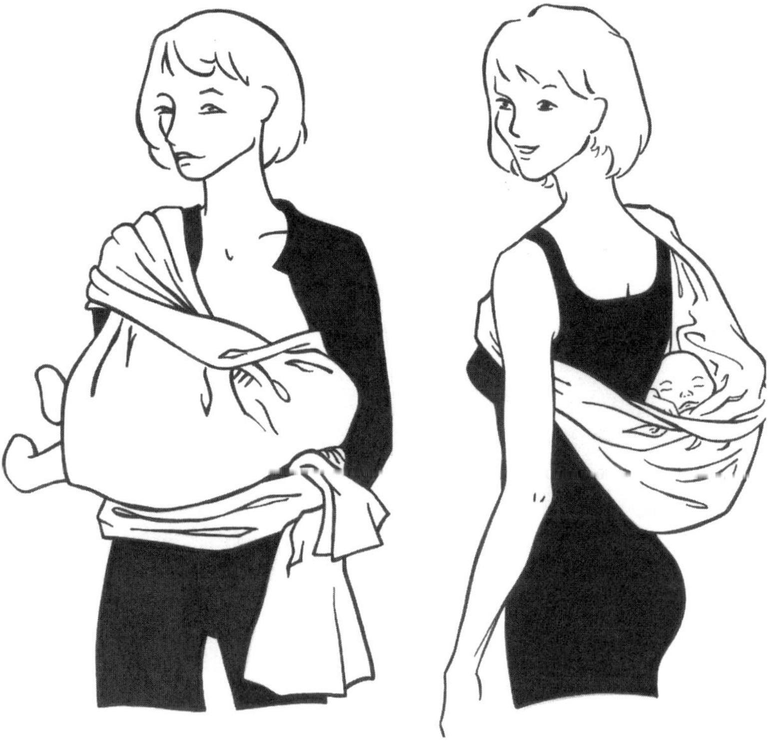

- **Positions réalisées :** madone, bébé lové dans le dos, bébé assis redressé de côté (sa tête étant sous les anneaux du hamac), kangourou (en position fœtale ou en grenouille), à califourchon sur la hanche, à califourchon dans le dos, en Bouddha.

La poche non réglable

Il existe également des poches non réglables, que l'on passe en travers du buste. Leur réglage se fait à l'aide de voltes. Leur utilisation est aisée. Mais pour réaliser tantôt des positions très enveloppantes, tantôt des positions en grenouille, il se pose la difficulté du réglage, bébé occupant un volume différent suivant la posture adoptée. Ces poches sont tantôt très agréables, tantôt frustrantes à utiliser, en fonction des variations dans les positions pratiquées, de la taille du porteur et de l'enfant.

L'écharpe

C'est une longue bande de tissu de 70 à 80 cm de large et de 2,70 à 5,20 m de long, qui enveloppe l'enfant et son porteur comme un vêtement et s'attache par un double nœud (souvent un nœud plat). Elle s'adapte à la morphologie d'un nouveau-né comme à celle d'un enfant de trois ans ou plus, quelle que soit la corpulence du porteur.

L'écharpe porte-bébé est tissée en Allemagne depuis 1972, selon la technique du sergé croisé[82], pour un confort optimal. Il s'agit d'un tissage fait de minuscules losanges qui suivent les mouvements de l'adulte et de l'enfant sans être pour autant élastique. Si l'écharpe est correctement installée, ce tissage fin, souple et résistant permet à l'enfant et au porteur de se mouvoir ensemble, même plusieurs fois emballés, sans ressentir de tensions. Il empêche aussi que le corps de l'enfant ne s'affaisse dans une poche trop raide ou trop souple et, de ce fait, mal ajustée.

Les écharpes en sergé croisé existent dans toutes sortes de styles (unis sages ou vifs, rayures variées, imprimés). Il est important que l'écharpe soit colorée avec des teintures dépourvues de métaux lourds, garanties sans risque pour les nouveau-nés allergiques et tous les autres qui ne manqueront pas de téter le bord de leur écharpe. Elles existent en fibres issues de l'agriculture biologique, en coton, parfois mêlé de laine ou de chanvre. Les écharpes sont la plupart du temps coupées en biais aux extrémités, ce qui facilite le nouage et donne une jolie finition aux nœuds. La longueur annoncée par le fabricant est celle d'un côté de l'écharpe. Les bords de l'écharpe (ou ourlets) sont étroits et doubles, afin de bien jouer leur rôle essentiel d'instruments de réglage. Comme pour le réglage du hamac, on pourra régler l'écharpe par ses ourlets et à différents niveaux dans sa largeur afin que la matière épouse les formes au plus près.

- **Petit historique :** Les premières écharpes porte-bébé furent des écharpes courtes comparables aux rebozos sud-américains et permettaient un portage en hamac sur le ventre, la hanche et le dos. Elles furent ensuite allongées au fil du temps pour permettre un grand nombre de positions de plus en plus enveloppantes et gourmandes en tissu (de 3,60 m : kangourou devant et derrière ; de 4,10 m : croisé simple avec boucle dans le dos ; de 4,60 m ou 5,20 m : croisé simple et double ou croisé enveloppant, sur le ventre et sur le dos) De ce fait, l'usage de l'écharpe requiert un petit apprentissage.

> L'écharpe est le porte-bébé qui offre le plus grand nombre de possibilités. Elle permet un portage ventral, latéral et dorsal.

• **Le portage ventral en écharpe**

Dans un premier temps, il comble notre besoin de contempler notre enfant face à face, nous qui, de par notre culture, nous appuyons tant sur la vue que le verbe pour entrer en relation avec lui. Il peut également être d'une immense aide psychologique et sensorielle, car il nous rassure, surtout au début, et nous indique, par contact et sans intermédiaire extérieur, si tout est en ordre ou si notre enfant a besoin que nous modifiions notre attitude par rapport à lui (notre posture, la sienne, la tonicité de notre attitude, la quantité ou le rythme de nos mouvements…).

• **Le portage latéral en écharpe**

Sur la hanche, certains porteurs découvrent avec bonheur un portage tout en relation et en action. Bébé participe au portage, s'équilibre par rapport au porteur. Les premiers temps, vous garderez une main disponible pour équilibrer votre enfant.

> N'hésitez pas à porter votre enfant très haut, bien au-dessus de la hanche et pas en appui sur celle-ci, pour qu'il ne soit pas soulevé à chaque mouvement de votre jambe et que vous marchiez librement.

Il existe trois positions de portage latéral dans l'écharpe : le hamac, le croisé et le kangourou sur la hanche, un nœud sur mesure réalisé autour du porteur et de l'enfant.

Le portage sur la hanche est réalisable bien plus tôt que nous ne l'imaginons habituellement. Le kangourou sur la hanche, s'il est bien réglé, est possible dès la naissance grâce à l'excellent soutien qu'il procure à l'enfant. De plus, il permet au porteur de conserver une bonne posture.

Le portage sur la hanche favorise la prévention et la rééducation de la hanche (cf. p. 59). Les bébés allaités ont aisément accès au sein, tandis que ceux nourris au biberon pourront boire tout en bénéficiant de câlins.

> Faites des essais avec les différentes positions, à des âges différents, afin de trouver la position qui vous convient le mieux à tel ou tel moment, en fonction de vous, de l'enfant et de la situation.

• Le portage dorsal en écharpe

Bébé sur le dos, vous vaquerez tranquillement à vos occupations tandis qu'il aura tout loisir de participer, de jouer de façon indépendante ou de se reposer. Dans l'écharpe, le sac à dos et le double croisé sur le dos sont des équivalents dorsaux de positions ventrales très confortables qui laissent une grande liberté de mouvement au porteur. Le sac à dos (ou kangourou sur le dos) permet d'installer bébé plus haut que le double croisé dans le dos (ce dernier comporte une poche qui enveloppe bébé et qui passe sous les bras du porteur). En sac à dos, vous pouvez faire dépasser la tête de votre enfant au-dessus de votre épaule. Il aura alors une amplitude visuelle maximale.

Quelle que soit la position choisie, l'important est de bien régler la tension du tissu en jouant sur les ourlets et le centre du tissu. Pour cela, il importe d'ajuster l'écharpe autour du porteur et du petit porté, puis de régler la tension de ses bords. Au besoin, on retournera un pan de tissu sur l'épaule du porteur (volte ouverte ou fermée). La volte ouverte s'adaptera aux positions couchées de l'enfant, tandis que fermée, elle contribuera à bien rassembler et soutenir l'enfant dans le hamac ou le kangourou devant ou sur le dos en position grenouille verticale. Ceci est flagrant lorsqu'on installe un enfant prématuré en position kangourou sur le ventre (des écharpes étroites en sergé croisé de 4,10 m de long et 45 cm de large existent pour faciliter au début le portage des bébés de moins de 3 kg, notamment après un portage en bandeau selon la méthode kangourou).

On rencontre trois familles de nouages en écharpe : les hamacs, les kangourous et les croisés.

- **Les hamacs :** c'est une installation simple, asymétrique, n'exigeant pas une longue écharpe (2,70 m). Elle est inspirée du portage sud-américain dans le rebozo, qui a également donné naissance au hamac à boucles. Elle permet d'installer l'enfant dans plusieurs postures sur le ventre, la hanche ou dans le dos (cf. p. 76), à l'aide d'un nœud plat, fixe après nouage, ou d'un nœud coulissant qui permet un réglage précis de la poche autour du porteur et de l'enfant. Ce nœud coulissant doit impérativement être réalisé dans un tissu non glissant. Il convient de réaliser après ce nœud coulissant un nœud supplémentaire assurant la sécurité.

- **Les positions kangourou :** ces positions sur le ventre et sur le dos sont symétriques, inspirées de techniques de nouage tibétaines et réalisables avec une écharpe assez courte (3,60 m et plus). Avec une volte fermée sur l'épaule, l'écharpe permet d'obtenir une poche bien réglée et stable autour du corps de l'enfant, même petit. Elle respecte au mieux l'arrondi du dos de l'enfant et offre au porteur un soutien dorsal optimal. Avec le kangourou sur le ventre, le bassin du porteur bascule spontanément vers l'avant, ce qui évite la cambrure et favorise le contrôle du périnée, atout précieux en période postnatale ! De même, l'écharpe ne passe pas sur les muscles du ventre de la mère qui ont été tant sollicités pendant la grossesse. Le kangourou sur la hanche est une position asymétrique, qui s'ajuste bien grâce à la volte fermée.

• **Les croisés**

Le croisé simple sur le ventre est très rapide à installer et beaucoup utilisé pour faire des courses ou aller rechercher des aînés à l'école, etc. On peut l'installer sur soi à l'avance, entrer et sortir bébé de l'écharpe sans défaire le nœud. Il faut toutefois régler la croix plus précisément une fois le bébé installé pour le remonter largement au-dessus des muscles du ventre de la maman[83]. On tend les ourlets de chaque pan et on réalise le double nœud final après être passé au-dessus (ou en dessous) des jambes du bébé. Positions réalisables dans ce croisé : enfant assis en grenouille ou en position fœtale face au porteur, madone, assis latéral redressé, Bouddha (cf. illustrations ci-après[84]). Le croisé simple demande une écharpe assez longue (4,60 m en moyenne), car le tissu forme une croix dans le dos du porteur et une autre sur le bébé[85].

Le double croisé (ou croisé enveloppant) est une position où l'écharpe est d'abord passée comme une ceinture autour du porteur et du bébé. Ensuite, les deux pans sont recroisés dans le dos du porteur et, de retour vers l'avant, par-dessus ses épaules et cette ceinture. Trois épaisseurs de tissu entourent donc le porteur et l'enfant. Cet enveloppement séduit souvent les porteurs débutants[86].

Le double croisé dans le dos permet une installation confortable et rassurante, mais plus basse que le kangourou dans le dos.

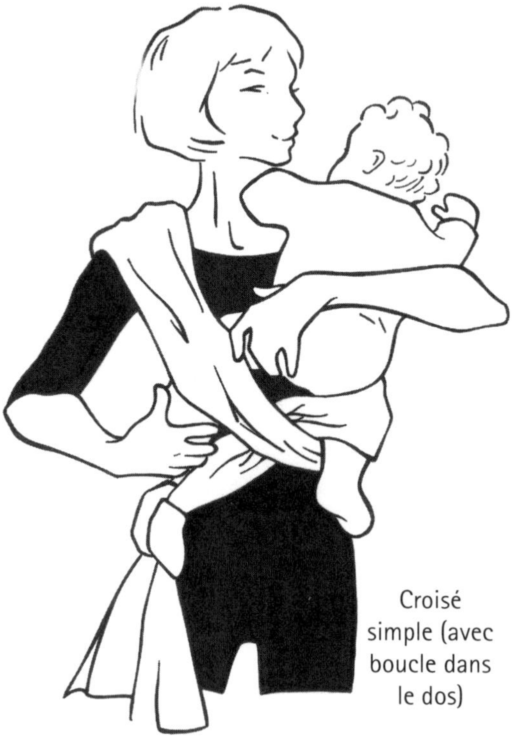

Croisé simple (avec boucle dans le dos)

• **La posture du Bouddha face au monde** peut être réalisée dans le hamac, le croisé et le double croisé. L'enfant est posé dans l'écharpe jambes croisées, son siège est posé au fond de la poche, les jambes bien relevées. Ses pieds sortent souvent au-dessus de la poche et… bébé tète ses orteils ! Un délice ! (évitez de placer ses pieds au fond de la poche, sans quoi il piquera du nez vers l'avant). Vue de profil, cette position met bébé en contact avec le porteur sur une grande surface et le rapproche du centre de gravité de celui-ci[87].

Lorsque son corps est tourné vers vous (que ce soit sur le ventre, sur la hanche ou sur le dos) ou qu'un côté est collé à vous, l'enfant a constamment le choix entre l'interaction avec vous et le milieu ambiant et celui de suivre son propre rythme et de s'endormir en quelques instants. Non, vous n'êtes pas égoïste si vous portez votre enfant tourné vers votre corps. Vous ne l'étouffez pas, vous ne l'enfermez pas pour autant dans une bulle par narcissisme. Vous lui donnez confiance en lui en le laissant libre de se distancer dans un sommeil réconfortant à tout moment. La position Bouddha face au monde peut amener l'enfant à se cambrer. L'assis latéral redressé respecte mieux la courbe naturelle du dos du bébé et permet à l'enfant de se soustraire instantanément aux stimulations trop importantes. Il gère plus librement ses occupations.

Position Bouddha

Le portage en double ou portage simultané

Pour porter des jumeaux ou des enfants d'âges rapprochés, il est techniquement possible d'utiliser un porte-bébé pour deux. Un hamac peut contenir des jumeaux de petit poids pendant les premières semaines. Ils seront positionnés face à la mère, soit l'un à côté de l'autre, soit inclinés chacun dans un sens, leurs corps se rejoignant au niveau des jambes. Le croisé simple offre une croix sur chaque hanche dans laquelle on peut installer un enfant à califourchon (lorsqu'ils se tiennent déjà bien, le croisé s'ouvrant légèrement dans leur dos).

La plupart du temps, on préférera utiliser deux porte-bébés, ce qui offre au porteur la possibilité d'être relayé et à chaque enfant d'avoir un porteur rien qu'à lui. Toute combinaison de porte-bébés identiques ou différents est envisageable. Un portage symétrique (passant sur les deux épaules du porteur) et un portage asymétrique se combinent aisément. Deux hamacs permettront de porter deux bébés simultanément et de retirer l'un d'eux sans déséquilibrer ou déranger l'autre. On peut installer des petits bébés dans deux croisés simples, l'un à côté de l'autre. Pour ce faire, on installera les deux écharpes avant d'installer les enfants. On pourra retirer l'un des bébés sans déranger l'autre, et l'écharpe vide restera en place (cela est plus facile avec des écharpes de couleurs différentes, histoire de s'y retrouver).

Un petit sur le ventre, un plus grand sur les épaules : c'est une solution ponctuelle bien agréable de "transport en commun", dans la foule notamment… (lire un exemple de portage en double, p. 101).

Des vêtements “bébé admis”

Le portage sans interférence matérielle est possible au-delà de la naissance ou des soins à l’enfant prématuré. Des vêtements traditionnels (chez les Inuits[88] notamment) ou actuels permettent, par climat froid ou tempéré, de porter l’enfant en peau-à-peau ; cela ne doit donc pas forcément être le privilège de populations vivant sous climat chaud.

T-shirts

Tout comme la femme enceinte pendant la grossesse, le porteur est équipé, de par la présence de l’enfant, d’un petit chauffage central qui réchauffe le corps en permanence. Préférez les chemises en matières naturelles, non glissantes, et les encolures larges, élastiques ou à boutons (à déboutonner pour laisser passer la tête de l’enfant).

Pulls

Portez des gilets larges autour de vous et de votre enfant déjà installé dans le porte-bébé. Certains pulls fermés devant, mais à encolure bien large, permettent de laisser passer la tête de l’enfant et celle de l’adulte.

Manteaux

Les manteaux de portage prévus pour entourer le couple porteur-porté (dans un porte-bébé) s’utilisent dès la grossesse, particulièrement en hiver, et permettent par la suite un portage ventral ou dorsal à l’abri des intempéries. Dans tous les cas, préférez un manteau pour deux à l’utilisation de deux manteaux qui vous mettront à distance l’un de l’autre et occasionneront frottements et transpiration. Vous serez moins en contact et l'enfant sera plus lourd. Sous un manteau pour deux, ne vous couvrez pas trop. Si vous entrez dans un endroit chaud et que bébé est confortablement endormi, il vous suffira de l'ouvrir ou de le retirer sans déranger bébé !

Vous pouvez vous procurer un manteau spécialement conçu pour le portage. On peut l'associer à un double col (acheté ou tricoté maison) qui servira d'écharpe et couvrira l'espace découvert allant du cou du porteur à celui de l'enfant. D'autres systèmes sont pourvus d'un orifice par lequel sort la tête de l'enfant, un peu plus bas que celle de l'adulte. On place alors l'orifice du poncho du côté où se trouve l'enfant (on peut encore imaginer un poncho évasé avec deux orifices suffisamment éloignés et proches en même temps pour permettre d'y passer deux têtes – ou une seule suivant les moments –, que les enfants soient par exemple un devant et un derrière ou un devant ou derrière et un sur une hanche).

Certains manteaux sont équipés d'un orifice uniquement dans le dos (rien ne vous empêche de recycler un manteau large de cette façon, surtout s'il dispose dans le dos d'une couture horizontale allant d'une épaule à l'autre ; il suffira alors d'en découdre le milieu et de placer des pressions.

D'autres manteaux sont équipés d'un plastron amovible que l'on attache au milieu, devant ou derrière, par des fermetures éclair, en fonction de la position de portage, et ce afin d'augmenter les capacités du manteau, en plus de créer un espace pour la tête de l'enfant (pour porter un enfant devant et un sur le dos, on peut s'équiper d'un second plastron). On trouve également des plastrons permettant de transformer n'importe quel manteau en manteau de portage… sur le ventre. Les ponchos classiques en forme de “U” s'adaptent, en outre, au portage latéral.

Portage et sommeil

« Observons maintenant ce que fait l'enfant lorsqu'il est au dos : on constate qu'environ 80 % du temps, il dort, et cela quel que soit son âge, c'est-à-dire quelle que soit la durée totale de sommeil. Ainsi donc, pour l'enfant bambara, le lieu de prédilection pour dormir, dans la journée, est le dos de la mère, d'une grand-mère ou d'une aînée. […] Ainsi, durant son sommeil, l'enfant sera bercé plus ou moins vigoureusement par le mouvement du corps de celle qui le porte, vaquant à ses activités quotidiennes. »[89]

Un porteur expérimenté repère aisément quand l'enfant est sur le point de s'endormir, et ceci bien avant les personnes alentour, qui voient un enfant éveillé, les yeux grands ouverts. Le porteur sent, pour sa part, tout le corps de l'enfant se détendre le long de sa colonne. Il a développé des antennes dans le dos et il s'en sert !

Par ailleurs, installer son enfant dans le porte-bébé lorsqu'on perçoit des signes de fatigue, ce n'est pas s'en débarrasser lâchement. Bien au contraire, c'est l'accompagner chaleureusement dans son besoin de se rassembler physiquement. Si un enfant ressent le besoin de pleurer, il appréciera d'être accompagné avec tendresse. Certaines familles optent pour le sommeil partagé[90], une pratique très courante de par le monde.

En éveil, l'enfant sort de lui-même les bras lorsqu'il est prêt à le faire. On l'invite à les rentrer au moment où il s'endort, afin d'éviter qu'ils ne ballottent et n'entraînent un surpoids pour le porteur en mouvement.

> Pour la tête : on déploie le bord supérieur du porte-bébé vers le haut, un doigt au-dessus des oreilles, afin de la maintenir en contact. Si bébé s'endort sur le dos et que le porteur ne parvient pas à remonter le bord supérieur du support, il peut demander à quelqu'un de le faire pour lui. Autres possibilités : se pencher en avant, dénouer le porte-bébé et le réinstaller un peu plus haut, de façon à maintenir la tête, ou encore passer un foulard en biais derrière la tête de l'enfant et sous un bras (du porteur) et fermer par un double nœud.

Il n'est pas obligatoire de poser un bébé qui s'est endormi pendant qu'on le portait. Vous pouvez le faire, bien souvent en le posant avec son porte-bébé. Posez alors bébé dans la pièce de vie et pas nécessairement à l'écart.

Le hamac se prête particulièrement bien à cette manœuvre et bébé peut continuer à dormir confortablement, accompagné de cette enveloppe qui est imprégnée de vous, de vos odeurs et de votre chaleur commune, que l'enfant identifie par tous ses sens (ou presque…), qu'il dorme ou qu'il soit éveillé.

Il n'y a pas lieu de s'inquiéter si votre enfant s'endort quand vous le portez. Certains enfants n'aiment pas être posés et vous le font comprendre. Si bébé s'est endormi dans son siège auto, vous n'êtes pas condamné à transporter ce siège à bout de bras partout où vous allez. La plupart des enfants ne s'éveilleront pas si on les prend délicatement et qu'on les installe directement contre soi dans le porte-bébé pour bouger immédiatement et leur procurer les balancements qui leur sont familiers.

Porter pendant la grossesse

Portage **in utero** *avec une écharpe*

Certaines mères apprécient d'emballer leur ventre avec une écharpe en fin de grossesse afin de le soutenir. Ceci peut être réalisé avec une écharpe longue ou courte (de 2,70 à 5,20 m).

Portage d'un aîné pendant la grossesse avec divers porte-bébés

En début de grossesse, le portage peut se pratiquer sur le ventre, très haut. Il est plus confortable sur la hanche – le hamac est précieux durant cette période – et sur le dos. On adapte le parcours de l'écharpe ou des lanières du porte-bébé asiatique afin d'éviter tout passage sur le ventre rond.

Pour porter sur le dos, on termine le nouage sous les fesses de l'enfant, en croisant au-dessus du ventre, plutôt qu'à la taille de la mère. Avec le porte-bébé chinois utilisé sur le dos (afin d'éviter une ceinture sur son ventre), la mère croise les lanières deux par deux au-dessus des seins ou entre les seins et peut terminer l'installation par un nœud plat sous les fesses de l'enfant.

Chaque femme jugera elle-même jusqu'à quel point de sa grossesse c'est confortable pour elle et ses enfants. Certaines grossesses à risque ne permettent pas le portage. En cas de doute, il est fortement conseillé de demander l'avis d'une sage-femme ou d'un médecin.

V

De l'attachement, du plaisir et de la paix

L'enfant s'attache à ses parents par le contact, premier sens qui parvient à maturité in utero, mais aussi par le regard et par tous ses autres sens. Penchons-nous maintenant sur diverses situations qui illustrent bien la richesse que le portage nous offre, outre ses avantages pratiques.

Portage et adoption

Dans le cadre d'une adoption, le portage en corps à corps est pour l'enfant et ses parents une occasion de créer des liens charnels fondamentaux pour l'avenir de leur relation, de découvrir en soi l'élan de parent et de sécréter de l'ocytocine, hormone de l'amour[91].

Mais en Occident, la relation mère-enfant n'est pas symbolisée par un porte-bébé. Au contraire, elle est illustrée par une pléiade d'instruments de puériculture avec, en tête, l'imposant, le majestueux, l'incontournable landau. Sa place est tellement importante dans les références collectives européennes que peu de gens peuvent concevoir cette relation parentale sans la panoplie idoine. Et pourtant, ces ustensiles de puériculture induisent et entretiennent insidieusement la séparation. À long terme, il est primordial que l'enfant et les parents soient attachés l'un à l'autre. C'est cette relation majeure qu'il faut encourager à tout prix. L'un des tout premiers moyens est la proximité parent-enfant.

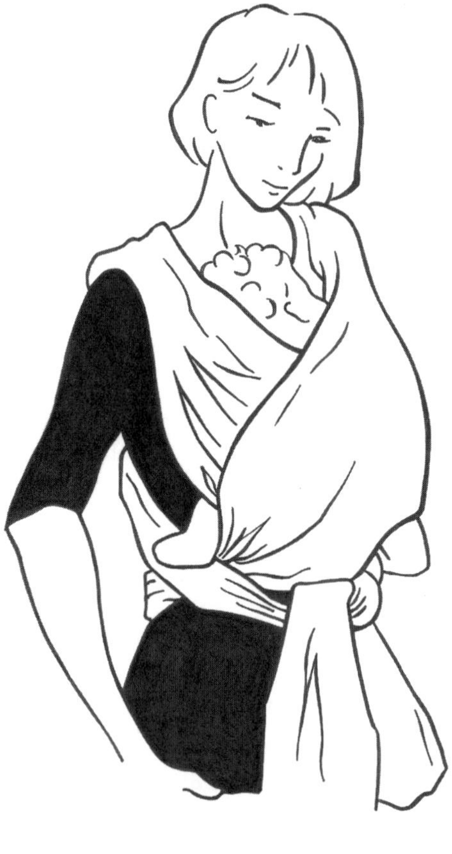

Mme Vidal Starr Clay[92] s'est intéressée aux interactions tactiles mère-enfant aux États-Unis :

« La question [...] est de savoir si la quantité et les formes de stimulations tactiles et de contacts que les mères américaines donnent à leur bébé et à leurs jeunes enfants correspondent à leurs besoins physiologiques et émotionnels. »[93] *– « On doit y répondre par la négative. [...] Clay a constaté à plusieurs reprises que les contacts tactiles entre la mère et l'enfant en bas âge (avant qu'il ne sache parler) relevaient plus souvent de la nécessité de lui donner des soins et une éducation que simplement de lui exprimer amour et affection. Les pratiques impersonnelles d'éducation des enfants qui ont longtemps été de mode aux États-Unis impliquaient une rupture précoce du lien mère-enfant et la séparation de la mère et de l'enfant par des biberons, des vêtements, des couvertures, des poussettes, des berceaux et d'autres objets matériels. »*

> Quelles que soient la naissance et l'histoire d'un enfant, il ne suffit pas de s'occuper de lui sur un mode distal pour que des liens intimes se tissent. Le mode de relation est déterminant pour les liens qui se construisent. Le contact en mouvement et les nombreuses sensations qu'il permet d'échanger favorisent la détente, l'apaisement, le soulagement de tensions liées au parcours de l'enfant comme à celui des parents infertiles. Le portage est une pratique qui favorise le lien parent enfant et l'attachement de l'enfant pour des personnes qui l'aiment et qu'il aime plutôt que pour des objets de son environnement.

Une collaboration avec un organisme belge agréé d'aide à l'adoption nous a permis de saisir l'importance du landau et de la poussette pour ces nouveaux parents. Après avoir été privés de la grossesse, puis de la rencontre avec un nourrisson, ils sont passés à côté de l'utilisation du landau, symbole de la maternité épanouie ancré chez nous depuis un bon siècle. Ils investissent donc, en vue de la rencontre avec leur enfant adopté, dans une superbe poussette. Cet enfant n'a plus le corps d'un nourrisson ; il se nourrit de solides et joue de façon autonome. Il a appris à ne plus trop demander le contact.

Geneviève, responsable de cet organisme et maman adoptive, encourage ces parents à s'occuper de leur enfant d'un an ou plus comme d'un nouveau-né et de le porter sur le ventre, ce qui favorise l'attachement. Elle leur suggère de s'autoriser, à eux-mêmes et à ce petit, une "grossesse réparatrice" au moyen d'un porte-bébé résistant et enveloppant : l'écharpe. Le portage peut leur permettre de se connaître vraiment, d'ancrer ce nouvel amour dans leurs corps respectifs (l'association Peau à Peau leur propose un atelier pour apprendre à porter). L'enfant refusera peut-être dans un premier temps de se lover face au buste du porteur et l'apprivoiser peut prendre du temps. Mais la rencontre est possible.

Geneviève nous donne un éclairage sur le rôle du portage dans le processus de l'adoption :

« L'essentiel du portage à retenir dans le cadre de l'adoption est la création du lien. [...] Beaucoup trop de parents sous-estiment la blessure primitive de l'enfant adopté. S'il y a adoption, il y a eu abandon. Séparé de sa mère de naissance, ensuite des repères institutionnels dans lesquels il a pu trouver la force de survivre, l'enfant est en grande souffrance, désarmé, profondément choqué. La greffe doit prendre et pour qu'elle prenne, il faut lui donner le terreau nécessaire. Il faut du temps, de l'amour et surtout beaucoup de patience. Il est parfois

très difficile pour les parents de vivre les premiers jours ou mois avec un enfant adopté. Une filiation adoptive n'est pas une filiation biologique. Les parents sont dans des conditions difficiles, loin de tout, loin des leurs, dans un environnement rarement optimal pour l'accueil d'un enfant. En trois minutes, on leur met un enfant dans les bras, celui-ci n'est pas souvent dans des conditions d'hygiène comparables aux nôtres (odeur, poux, gale), parfois malade. […] Un enfant adopté a besoin de régresser, de reculer pour consolider ses assises. Il a besoin de revivre avec les parents adoptants les étapes perdues. Il a besoin de ressentir la chaleur et l'intimité pour découvrir un état de bien-être. Ces gestes de maternage et paternage sont des gestes constructeurs qui stimulent les parties les plus instinctives et primitives du cerveau. Il est prouvé que le fait de répondre à ces besoins apaisera les blessures. Le portage permet à l'enfant de se sentir en confiance dans un maternage primaire et favorise le contact visuel, regard essentiel dans la construction de la dyade.
Cela reste parfois difficile pour certains parents de se lancer dans le portage. L'adoption arrive souvent après une multitude d'échecs et de deuils douloureux. Les mamans manquent de confiance en elles, ont envie de se fondre dans la "masse" et, comme toutes, rêvent de la poussette qu'elles vont enfin pouvoir utiliser ! »

Geneviève m'a appris que ces enfants avaient avant tout besoin d'être portés enveloppés, face à leur parent, comme des nouveau-nés, même s'ils ont un ou deux ans et qu'ils peuvent déjà marcher au moment où a lieu la rencontre, afin que naisse le lien qui donne goût à la vie à ces enfants déracinés.

L'attachement peut naître dans le regard que le parent pose sur son enfant[94], quel que soit cet enfant. Ce regard fait partie des besoins essentiels à l'épanouissement de l'enfant : besoin de se voir dans le regard de ses parents.

Je vois ici un lien avec le travail d'Édith Thoueille. Puéricultrice[95] à l'Institut de Puériculture de Paris, elle enseigne aux mères aveugles à porter un regard sur leur enfant. Si elles ne peuvent le voir, celui-ci a le bonheur de voir sa mère le regarder. Elles apprennent à tourner leur visage vers l'enfant, à le suivre, à être son miroir.

Portage et mères aveugles

Olivia a rencontré régulièrement des groupes de mamans aveugles. Elle a adapté sa manière d'enseigner et d'accompagner le portage. Elle rencontre plusieurs fois ces mamans au moment de l'accouchement et leur enseigne une position à la fois. Elle leur prend la main et les mères suivent sur Olivia le parcours de l'écharpe. Ensuite, elles reproduisent ce parcours sur elles-mêmes.

Bouchera, jeune maman d'origine maghrébine, a porté son petit Yannis dans un porte-bébé kangourou, puis en écharpe : plus près du corps, sur son ventre et rapidement sur son dos. Elle exprime toute l'importance de la proximité avec son bambin :

« Je suis très heureuse d'être une femme. J'ai porté ce bébé et je continue à le nourrir. Je continue à avoir ce contact physique et, en même temps, quand je l'allaite, il y a le regard. Il y a tout un échange. Même si je ne le vois pas, je sens Yannis. Il met sa main sur ma poitrine :

sa peau est douce comme de la soie. J'ai l'impression qu'il me caresse. C'est les caresses de reconnaissance et ce bébé est tellement près de moi, très proche de moi, que je le sens. Il a une odeur qu'aucun autre bébé ne peut avoir et je trouve, comme toutes les mamans certainement, que ce bébé est celui qui a la meilleure odeur. C'est un parfum que j'ai besoin de sentir. Quand il dort, cette odeur me manque. J'ai vraiment besoin de le sentir, ce bébé. Tu sais, son odeur m'apaise. »[96]

Il est profondément injuste de ne pas considérer des parents adoptifs ou atteints d'un handicap comme des parents à part entière, alors qu'ils ont tout pour donner à l'enfant ce dont il a besoin pour prendre goût à la vie et s'y épanouir ! C'est le constat qu'a fait Édith Thoueille. Elle sait à quel point il est important, pour ces mamans, de communiquer avec leur enfant par le toucher. Leurs mains et leur corps, à l'occasion du portage dans l'écharpe, leur confèrent une perception fine de leur petit en mouvement. Celui-ci se love ou se fait petit cavalier énergique.

Lorsque Yannis tourne la tête, Bouchera perçoit le changement d'orientation qu'il adopte avec le haut de son corps et elle l'accompagne dans son regard sur le monde, lui parlant de ce qu'il regarde à l'instant. Chaque sensation lui permet de poser un regard sur la vie et sur cet enfant.

Dans le cas d'une déficience visuelle chez l'enfant, le portage peut l'aider à s'ouvrir, le regard du parent et les sensations que le portage lui procure lui permettant d'appréhender le monde par son intermédiaire. L'attachement sera d'autant plus aisé si tous les sens sont utilisés pour apprendre à se connaître.

Édith Thoueille constate que ces mères, avec leurs bébés dans l'écharpe, donnent envie aux mères valides de tenter l'expérience !

« Diderot a dit : "Les aveugles éclairent notre regard."[97] *Je dirais modestement que les mères aveugles éclairent ma vision intérieure, et je les en remercie. Il me plaît de considérer ces mères comme des visionnaires, qui ont leur manière spécifique de regarder le monde et leur enfant et surtout d'enrichir ceux qui se donnent la peine de les regarder, de les écouter avec une attention toute particulière. »*

De même, les mamans kangourous nous font entrevoir comment les techniques médicales et le portage en peau-à-peau des prématurés favorisent le développement des enfants et l'autonomie des parents. Les mères aveugles ont du mal à rencontrer du soutien dans leur désir d'être mère. C'est encore trop souvent le cas aujourd'hui lorsque des mères de prématurés demandent à porter leur tout-petit.

Portage en néonatalogie

Le contact peau à peau et le portage deviennent, de plus en plus, partie intégrante des soins aux prématurés. Mieux qu'un moyen de transport, mieux qu'un soutien à la relation parent-enfant naissante, le porte-bébé s'avère être un magnifique outil pour la survie des petits nés trop tôt. Il suffit de penser aux prématurés de Bogota en Colombie qui sont portés en peau à peau par leurs parents 24 heures sur 24 dès qu'ils sont stables et qui se rendent chaque jour à la *"casita"* pour un contrôle de routine. Les bébés sont portés et les parents, extrêmement sollicités, trouvent du soutien auprès d'une équipe dynamique de professionnels avertis. Un simple bandeau de tissu suffit à améliorer grandement le quotidien de ces tout-petits.

En Europe, la méthode kangourou se propage peu à peu de diverses façons. Son application est pour beaucoup dans l'humanisation du suivi de la mère et de l'enfant au sein des unités néonatales. La mère et son entourage immédiat sont au centre des soins apportés à l'enfant. Plus qu'un accompagnement, dans une unité néonatale, le portage peut se révéler un soin à part entière. Il donne à ces unités une nouvelle humanisation, aspect non négligeable dans les premiers temps de la relation parent-enfant.

C'est ce dont témoigne Anne Bednarek, fondatrice du Cipap[98] :

> *« Le portage permet d'humaniser les soins aux tout-petits, notamment aux prématurés, et trouve, suivant les institutions, des stades de développement qui diffèrent encore fortement. Globalement, l'utilité du portage ou du peau à peau n'est pas encore comprise dans toutes ses implications sur le développement de l'enfant. Cette technique est proposée surtout comme un mode de soin en vue de favoriser l'établissement de liens du parent vers son enfant. Il est soumis à autorisation suivant le degré de fatigue du bébé, son état de santé. Or, à bien y regarder, l'environnement couveuse est bien moins adapté aux besoins d'un grand prématuré que son parent informé et invité à être attentif aux états de surstimulation qu'il pourrait présenter.*
>
> *Un grand prématuré placé en peau à peau est verticalisé par rapport à sa position en incubateur. Cela l'aide à supporter la pesanteur, libère de nombreux points de pression sur son système musculo-squelettique et sa peau. Il est bercé par la respiration du porteur, les sons qui lui parviennent ne sont plus étouffés ou au contraire "résonnants" par le bruit du moteur et sur les parois de l'incubateur. Les mouvements du porteur respectent*

généralement mieux le système vestibulaire. Si le bébé doit être déplacé, les gestes sont plus lents, plus adaptés. Les mains sont proches du visage, favorisant ainsi l'auto-apaisement, la succion des doigts. Sans parler de la stimulation olfactive, visuelle, le massage rythmique de la peau créé par la respiration du porteur dont on pense qu'ils favorisent le développement neurologique et diminuent la perception de douleurs (pour rappel : le peau-à-peau se pratique sur peau nue). Lorsque le bébé est stable, toujours pour favoriser le développement sensoriel, des balades dans le service sont toutes indiquées. Les infirmières peuvent aussi porter les bébés, notamment ceux qui souffrent du syndrome de sevrage. Le portage en environnement néonatal est d'ailleurs préconisé par l'association américaine des infirmières en néonatalogie (NANN)[99]. Vu sous cet angle, le portage est un soin de développement à favoriser. »

Forts de ces conclusions, des services de néonatalogie se sont lancés dans l'expérience. L'équipe de Peau à Peau a rencontré une de ces équipes en avril 2002, au Centre néonatal universitaire de Cologne. Dans ce centre, l'écharpe porte-bébé est utilisée pour faciliter le contact parent-enfant et préparer la sortie en douceur. Plusieurs sages-femmes motivées font en sorte que l'écharpe porte-bébé joue son rôle d'aide à l'attachement parent-enfant chaque fois que l'état de l'enfant le permet et que les parents le désirent. Ces derniers apprécient cet accompagnement, qui valorise leur capacité à s'occuper seuls de leur enfant.

Une séance d'information sur le portage est organisée dans le service tous les quinze jours. Seules les mères intéressées y participent. Les sages-femmes montrent aux parents comment s'y prendre. Les parents s'y mettent ensuite avec leur enfant. C'est l'autonomie qui commence.

Portage de jumeaux prématurés

Lorsqu'il y a deux enfants, le défi est de taille pour les parents, désireux de tout donner à chaque petit…

Dès la naissance, souvent prématurée dans le cas de jumeaux, il est envisageable de les porter "en double", en peau-à-peau, côte à côte dans un bandeau en lycra, ou encore dans la même position, à l'intérieur de la poche de l'écharpe longue nouée en double croisé.

Julie témoigne de son expérience avec ses enfants :

« J'étais enthousiaste à l'idée de porter mon enfant avant même d'être enceinte. Dès que le résultat du test a été positif, j'ai contacté l'association Peau à Peau pour apprendre. Le papa pensait sans doute que j'étais un peu excentrique, mais se disait ouvert à l'apprentissage. Mais voilà qu'avant même la réunion, j'apprends que j'attends des jumeaux ! Au-delà de mon bonheur de future maman, je me suis retrouvée presque déçue à l'idée d'être finalement tributaire de poussettes qui, en plus, seraient volumineuses, comme si leurs désavantages devaient être accentués. J'avais rêvé d'un portage intensif, notamment à la maison. Je souhaitais être physiquement proche de mon bébé, apprendre à communiquer corporellement avec lui, l'intégrer dans ma vie quotidienne, lui faire découvrir le monde. Là, je voyais mal comment je pourrais porter un de mes enfants et laisser l'autre sur le carreau… "Il faut donner autant à l'un qu'à l'autre !" pensais-je naïvement. Et puis, j'ai commencé par m'attaquer au problème et "mieux vaut porter un peu que pas du tout" devint ma devise. Il me fallait d'abord convaincre le papa, pour pouvoir porter chacun un enfant en sortie… Ce ne fut pas difficile ! »

Julie-Axelle se souvient des difficultés d'attachement avec ses prématurés. Elle a su ne pas être trop dure envers elle-même et utiliser le portage malgré ses craintes à elle et les réticences apparentes des enfants lors des premiers essais.

« Je trouvais rassurant de connaître des données théoriques telles que le phénomène d'empreinte, pour m'expliquer mes difficultés d'attachement aux enfants. Je savais que mon corps, biologiquement, avait manqué de ce temps d'empreinte pour m'aider à établir et maintenir un lien fort et durable. Je savais que je n'étais pas une mauvaise mère sans cœur ou anormale de ne pas ressentir un coup de foudre pour mes enfants. Malgré tout le temps partagé de la grossesse, j'ai vécu ma première rencontre avec mes enfants un peu comme une adoption ("ah bon, ce sont eux mes enfants ? Je vérifie sur l'étiquette de la couveuse"). [...] Il peut arriver que les enfants refusent apparemment le portage. Il ne s'agit pas d'un refus de la relation avec les parents, mais peut-être d'une expression du vide et du manque de contact après la naissance. Persévérer avec douceur et respect de la souffrance racontée par l'enfant peut amener à renouer corporellement avec lui.
Nous avons porté assez souvent Marc et Joël. Au départ, chacun dans un hamac, le papa et moi-même. Le soir, c'était le remède au malaise que les petits sentaient dans leur corps. J'appréciais la liberté de pouvoir sortir avec mon mari et mes enfants sans avoir à emmener un camion de déménagement ! Prendre le métro, le bus, l'avion ; oui ! [...] Plus tard, il y a eu de ces moments intenses que seules les mamans de jumeaux connaissent : des pleurs à fendre l'âme, en même temps, alors que j'étais seule avec eux. Besoin d'un corps à corps

absolument ! Comment faire ? J'ai tâtonné un moment avant de découvrir le portage double, un enfant devant et l'autre derrière. Je le réservai aux situations d'urgence et je dois dire qu'en certaines occasions, je ne sais pas comment nous nous en serions tirés autrement !
Ensuite, j'ai commencé à sortir beaucoup avec une écharpe et une poussette simple. Cela me donnait une liberté de mouvement que je ne connaissais pas avec la poussette double. Au départ, je portais un bébé devant, dans le double croisé, puis je me suis lancée à porter dans le dos, plutôt dans le sac à dos (ou kangourou sur le dos). Cela me permettait de prendre le deuxième bébé dans les bras s'il y avait besoin. Je portais les enfants en alternance : un pour la promenade du matin, l'autre pour celle du soir, en fonction de leurs besoins aussi.

> *Il faut veiller à ne pas dépasser ses limites. Nous voudrions tout faire pour nos enfants, et la situation de parents de jumeaux ou plus nous pèse parfois à cause du poids de l'organisation quotidienne et de la sensation du "manque à donner" aux enfants. Dans ce cas, chacun trouve peu à peu son équilibre et ses devises au quotidien. Pour moi : "toucher ou porter un peu est mieux que pas du tout" !*

Comment faire pour porter des jumeaux ?
Au premier abord, le portage "en double", de jumeaux ou d'enfants d'âges rapprochés, est nettement plus compliqué à mettre en place que le portage simple. Généralement, ce portage est réservé à des moments d'urgence, quand personne n'est disponible pour prendre le relais. Si le papa est à la maison, il est raisonnable que chacun des parents prenne un des enfants.
Quand nous nous sentons prêts à porter sur le dos, nous pouvons pratiquer le portage double "un devant – un

derrière", autrement appelé "jambon-beurre" : c'est vous qui faites le jambon ! Il s'agit de placer l'écharpe pour un croisé simple, puis d'installer un bébé dans le dos, en sac à dos. Enfin, il ne reste qu'à glisser le bébé devant. Le bébé dans le dos est bien placé et peut donc supporter des mouvements si vous vous penchez pour prendre le deuxième. »

La petite touche finale : réglez le croisé devant, après installation de l'enfant, afin qu'il soit bien haut, en tendant les ourlets de l'écharpe avant de faire le nœud plat final.

Prenez vos repères quant au trajet de l'écharpe et à la bonne tension du tissu. Songez que si le bébé dans le dos est mal mis et que vous vous en rendez compte trop tard, il vous faudra enlever les deux enfants. Quand le bébé est bien installé derrière, vous jouissez d'une grande aisance de mouvement.

Si vous avez des craintes à l'idée de porter votre enfant dans le dos, sachez que les personnes qui pratiquent ce portage ont elles-mêmes appris à le faire. Beaucoup se sont fait aider et ont utilisé un fauteuil, des coussins, une poupée pour s'entraîner, un miroir pour vérifier que tout était bien en place… Au fil des essais, elles ont trouvé leur façon bien à elles de passer bébé seule dans leur dos. Certaines personnes passent à l'installation "acrobatique" en position debout, où qu'elles soient, tandis que d'autres en restent à l'installation à l'aide d'un fauteuil, de coussins, etc. Ce n'est pas un problème en soi… Il est possible de partir d'un banc public, d'une table, quand bébé est grand, ou du siège passager d'une voiture pour installer bébé.

« Pour ma part, j'ai beaucoup fonctionné avec le canapé ou un fauteuil. Heureusement que je me suis sentie obligée de continuer, sinon je n'aurais pas persévéré ! Et

comme j'étais énervée de mon manque d'aisance quand, dans la rue, des gens qui n'y connaissaient rien se précipitaient pour "m'aider" – alors qu'ils m'embrouillaient encore plus ! – comme j'ai été fière de pouvoir répondre : "Non merci, ça va bien, j'ai fini !" Je me suis vraiment sentie mieux quand j'ai retrouvé les gestes que j'avais trouvés pendant la grossesse, de passer la poupée (l'enfant) de ma hanche à mon dos. C'est ce mouvement tournant d'ailleurs, je pense, qui m'a aidée à passer par-dessus la tête, de la même manière. Mais j'ai toujours gardé l'habitude de jeter un coup d'œil aux vitrines des devantures pour "vérifier" que le petit allait bien... »

L'attachement avec un enfant différent

Je vous propose d'aller ensemble à la rencontre de deux petites filles, Aline et Ombeline, qui ont connu deux parcours contrastés au niveau du rapport au toucher. L'une a grandi paisiblement à la campagne tandis que l'autre faisait de fréquents séjours aux soins intensifs et en pédiatrie.

Comme nous allons le voir, la vie avec un enfant différent est plus simple lorsque l'enfant est réceptif à différents niveaux et communique aisément par le toucher, le regard et le jeu. En manifestant du plaisir dans le contact physique avec ses parents, il leur apporte du plaisir et de la joie, même si les échanges au niveau verbal sont limités.

Aline est une petite fille trisomique[100] en bonne santé pour qui le contact va de soi depuis toujours. Cette réceptivité et son entrain pour les contacts corporels ont aidé ses parents à accepter sa différence et à prendre beaucoup de plaisir dans leur relation avec elle. Aline a marché à l'âge de deux ans et demi. Ses parents l'ont beaucoup portée, successivement dans un porte-bébé kangourou, un porte-bébé hamac réglable, un porte-bébé dorsal à armature métallique, sur leurs épaules et enfin, dans un Tonga®, porte-bébé en filet.

À l'heure où j'écris, Aline a douze ans. Ses parents ne connaissaient pas l'écharpe lorsqu'elle était petite. C'est une petite fille qui joue beaucoup et qui apprécie le contact. Depuis toujours, elle se met spontanément en grenouille et s'accroche activement à sa maman. Elle se love et s'équilibre par rapport au corps de sa maman en mouvement, signe d'une interaction physique fréquente avec ses parents.

Aline est l'aînée de trois enfants. Ses parents se sont énormément déplacés avec cette enfant longtemps restée petite et légère. Elle a, depuis toujours, énormément communiqué par le regard. Sa maman l'a allaitée longtemps, l'a massée et lui a spontanément beaucoup parlé. Ses parents, biologistes de formation, n'ont pas eu trop de mal à accepter ce petit bébé très communicatif et se sont adaptés à ses besoins et à son mode de communication. Dès le départ, la situation d'Aline fut relativement claire et identifiée : son handicap avait un nom et elle ne présenta aucune pathologie souvent associée à la trisomie 21. Aline a été accompagnée par une logopède[101] et un kiné. Une association belge, l'A.P.E.M.[102], spécialisée dans l'accompagnement des enfants trisomiques et de leurs parents, proposa un encadrement et un suivi adaptés. On peut véritablement parler d'attachement et d'acceptation profonde de la situation lorsqu'on observe Aline en relation avec ses deux parents. Cela n'alla pas sans difficulté. Aline souffrait d'hypotonie. Elle parvint à tenir sa tête à l'âge de cinq mois. Mais il y a entre eux une relation saine et harmonieuse nourrie de contact et de temps passé à être ensemble, à jouer, à apprendre à se connaître, sans chercher à augmenter outre mesure le potentiel d'une enfant épanouie et communicative. Leur histoire nous apprend qu'en tant que parent, le fait d'être là avec l'enfant, de se donner le temps du contact, du jeu, de sortir d'une recherche d'actes marquant des progrès à tout prix dans les capacités de l'enfant peut favoriser le plaisir dans la relation et l'épanouissement au sein de la famille et au dehors.

Ombeline, quant à elle, est une petite fille différente au long parcours – qui a tardivement appris le plaisir que le contact pouvait lui procurer et, par là même, la relation aux personnes proches et moins proches, bref : au monde. Le parcours d'Ombeline nous permet de prendre conscience du fait qu'un enfant handicapé hypotonique porté peut en arriver à être plus tonique au niveau de l'enserrement du porteur qu'un enfant en parfaite santé qui n'a pas fait l'expérience du portage actif.

Un diagnostic fut énoncé lorsque Ombeline avait cinq ans : elle est atteinte d'une cardiopathie, d'une infirmité motrice cérébrale et d'autisme. On soupçonne également un syndrome génétique actuellement non identifié. L'autisme a été caché, car il a longtemps été mis sur le compte de l'hospitalisme[103], en raison des nombreuses caractéristiques communes à ces deux pathologies. La communication avec Ombeline a été très difficile, aussi bien au niveau du contact qu'au niveau du regard. Elle a tout d'abord connu une hospitalisation de l'âge d'un mois et demi à cinq mois et demi. Elle passa les trois premiers mois aux soins intensifs sous respirateur artificiel, pendant lesquels il était totalement impossible à ses parents de la prendre dans leurs bras. Elle était trop instable pour pouvoir bénéficier de portage. Ses parents durent se contenter de contacts tactiles au travers des hublots de sa couveuse. Il fallut alors trois mois au trio papa-maman-Ombeline pour se redécouvrir en famille et pour apprendre très progressivement le contact et le contact en mouvement.

Au début, Ombeline n'appréciait pas d'être prise dans les bras. Elle préférait être posée, comme dans la couveuse. La poussette et le porte-bébé kangourou lui ont permis d'apprivoiser le mouvement. Petit à petit (vers sept mois), elle y prit plaisir. À l'âge d'un an, Ombeline a refusé le porte-bébé. Sa maman a découvert l'écharpe lorsqu'elle avait dix-huit mois et toutes deux ont redécouvert le bonheur du portage. Son papa n'était pas convaincu au départ, mais quand il a vu sa petite fille détendue dans son écharpe, toutes ses appréhensions se sont envolées.

Ombeline a été portée jusqu'à cinq ans, pendant le début de la nouvelle grossesse de sa maman, principalement en position ventrale, mais aussi sur la hanche (sur de courtes distances, pour monter des escaliers ou faire des courses) et sur le dos par ses deux parents, chacun d'eux ayant des préférences manifestes pour une technique de portage particulière. Ainsi, sa maman préfère la porter sur le ventre et son papa sur le dos. Quelle chance pour Ombeline que ces expériences variées ! Elle est de la partie lorsque sa mère vide le lave-vaisselle ou encore lors d'une randonnée en montagne. Sa maman, qui l'a le plus portée, a appris à décoder les signaux tactiles de sa fille. Ainsi, elle reconnaît clairement les passages subtils de sa fille entre tonicité et détente. Lorsque le dos d'Ombeline s'arrondit et qu'elle enfouit sa tête entre ses seins, sa maman sait qu'elle est fatiguée. Cette découverte progressive de la communication tactile leur a permis, après plusieurs années de portage, d'établir une communication au niveau du regard.

Question de tonicité

La grande légèreté d'Aline et d'Ombeline permit à leurs parents d'être en contact physique avec elles par le portage pendant de longues années. La tonicité semble venir aux bébés hypotoniques portés avec le temps[104].

Lorsqu'un nouveau-né, un bébé ou un petit-enfant manque de tonicité, il peut être considéré de prime abord comme difficile à porter. Il faut à ses parents des essais répétés pour apprendre à porter cet enfant qui a du mal à "se porter" lui-même. Si ses parents découvrent le portage avec cet enfant, l'accompagnement et les encouragements seront particulièrement bienvenus. Même s'il est grand, cet enfant encore très jeune appréciera d'être enveloppé et porté. La proximité en mouvement peut l'aider à investir son corps et à participer de plus en plus.

Portage détente en pédiatrie

La proximité, l'enveloppement et le mouvement qu'occasionne le portage, outre leurs effets sur la tonicité de l'enfant (et la musculature de l'adulte), ont un pouvoir rassurant. Au quotidien, les bébés et les parents sont plus sereins. Il ne faut pas hésiter à y recourir lors de moments délicats, tels qu'une hospitalisation. Le portage peut aider les parents, les enfants et les professionnels à voir la situation autrement !

En février 2003, une journée de formation en portage et bercement était dispensée par quatre animatrices Peau à Peau à 15 membres du personnel de la maternité et 15 membres du personnel du service de pédiatrie du Centre Hospitalier Régional du Val de Sambre à Auvelais, en Belgique. L'établissement a acquis dix écharpes. Quelques mois plus tard, à la maternité, une affiche présentant le mode d'emploi du croisé simple intrigue les jeunes parents. L'équipe est disponible pour présenter l'écharpe et expliquer son utilisation. Les sages-femmes sont agréablement surprises de voir arriver des parents avec leur écharpe. Ils retournent à la maison, bébé emballé tout contre maman. « *Certains parents nous félicitent de cette initiative en milieu hospitalier. D'autres, minoritaires, semblent indifférents. Nous portons également les bébés qui pleurent beaucoup et ils s'apaisent dans le tissu. Ensuite, nous les ramenons à leurs mamans qui sont, elles aussi, apaisées. Les infirmières travaillant la nuit pratiquent le portage des bébés.* »

Découvrir le portage alors que ses enfants sont déjà grands et ressentir que l'on est passé à côté d'un grand plaisir peut être douloureux. Essayer le portage avec un petit expérimenté peut grandement aider à passer ce cap. Participer à des rencontres pour parents et futurs parents permet d'assimiler les bases du portage.

Valérie travaille en pédiatre. Elle est animatrice et instructrice en massage-bébé. Elle utilise souvent l'écharpe avec joie et enseigne le portage aux parents demandeurs. Elle raconte :

« *J'ai modifié et amélioré ma manière de travailler depuis que j'utilise l'écharpe. Je porte des enfants avec plaisir pendant leur séjour chez nous. Cela me détend énormément. J'associe les sensations du portage au massage. C'est facile pour moi de porter, car notre pédiatre et l'équipe ont adopté ce système. Récemment, j'ai proposé à une maman qui avait mal au dos de porter son enfant dans l'écharpe, et elle a mangé à l'aise avec son petiot accroché à elle. D'habitude, dès qu'un enfant s'endort sur moi, je le dépose dans son lit. [...] Certains ont peu de visites. Je préfère les garder sur moi. Ils reçoivent de l'affection et ils ont la sensation d'être entourés. Ils me reconnaissent et me demandent pour retourner dans le tissu. Les enfants ne sont pas timides. L'écharpe est un lien entre nous. J'ai tellement de plaisir avec ces enfants!* »

Certains parents découvrent le portage au détour d'un séjour de l'enfant ou de la mère en milieu hospitalier. Dans un service de pédiatrie, à Liège, le portage est utilisé pour porter des bébés lors de déplacements au sein de l'hôpital, pour emmener l'enfant à un examen ou aller d'une chambre à une autre, en l'absence de tout risque de contagion, pour participer à une réunion entre collègues ou rédiger un rapport. Le portage est également utilisé dans le cadre de la prévention de l'hospitalisme, notamment avec des bébés confiés à l'hôpital par leurs parents, en attendant qu'ils puissent être accueillis dans un foyer ou une famille d'accueil. « *Dans le couloir, une maman promène sa petite fille de deux mois dans l'écharpe. Elle est fière de montrer son bébé endormi contre elle. Elle sortira peut-être demain. Dans une chambre, une infirmière vérifie la pompe de la perfusion d'un jeune opéré. Sur elle, une écharpe chamarrée dans laquelle est blottie, bien à l'abri, une petite puce de quelques semaines. L'avis des parents du garçon est clair: "Elle a l'air si serein." Outre l'intérêt direct du portage, ces écharpes colorées donnent un air plus joyeux au service et une étincelle chaleureuse au regard de l'infirmière, une attitude corporelle très maternelle, protectrice...* »[105]

Le portage à la demande, puis à l'amiable[106]

Le portage à la demande de l'enfant n'est pas systématique parmi les parents occidentaux qui découvrent cette technique. Par ailleurs, la demande de l'enfant n'est pas nécessairement reconnue comme légitime. Chacun invente sa propre histoire. Il est judicieux, au début de la vie, de devancer la demande de l'enfant. Peu à peu, selon des modalités propres à chaque relation parent-enfant, la demande de chacun va s'exprimer et la communication établie va permettre de se positionner au sein de la relation, d'être attentif à l'autre et à son propre ressenti. Le parent attentif à ses propres limites pourra en parler avec son enfant et lui exprimer dans quelle mesure il est prêt à répondre à ses demandes au fil de sa croissance.

La demande peut laisser la place à une négociation "à l'amiable" avec l'enfant. C'est le cas lors de l'adaptation d'un enfant en crèche. Le portage rassure l'enfant lors de sa découverte du monde. S'il est en attente d'une adoption, ou si ses parents ne sont pas disponibles, cela peut aider ce bébé à se construire, à suivre le fil de son histoire. Lorsqu'il est séparé temporairement de ses parents, à la crèche ou à l'hôpital, l'enfant comblé de contact s'en va sereinement lorsqu'il est prêt à le faire et demande du contact lorsqu'il en ressent le besoin.

Le portage en crèche

Lætitia avait repris le travail lorsque Mahaut avait quatre mois. Elle portait chaque jour sa fille dans son écharpe pour la conduire à la crèche, ce qui éveilla la curiosité de l'équipe[107]. Elle proposa à la directrice une animation sur le portage à l'intention de l'ensemble de l'équipe et reçut son accord. L'équipe exprima des craintes quant à la question du contact physique et du rapport intime à l'enfant, plus ou moins bien vécu selon les professionnelles. Elle était également préoccupée par les remarques possibles de parents ne pratiquant pas le portage, qui pouvaient se sentir lésés par le projet, voire choqués et dérangés à l'idée que leur enfant puisse être porté en crèche. La crainte principale de l'équipe restait surtout de créer ou d'entretenir une dépendance de l'enfant vis-à-vis de ses référentes[108]. Consulté sur cette initiative, le psychologue qui supervisait le travail de l'équipe l'a avertie du fait qu'elle allait, par ce biais, entretenir une insécurité affective de l'enfant induite par la mère. Il n'envisageait pas le portage comme une réponse à un besoin primaire de l'enfant, mais plutôt comme une projection des besoins de la mère qui ne veut pas laisser l'enfant se séparer d'elle. Le projet fut finalement mis en place. Quatre enfants ont été portés sur cette période, dont Mahaut, Émeric et Éliette. Ce sont tous des enfants allaités[109] et portés en écharpe porte-bébé lorsqu'ils sont en famille[110].

Émeric est arrivé à la crèche à l'âge de sept mois. Ce fut le bébé le plus demandeur en matière de portage. Au début, il ne dormait que si on le portait. Afin de lui assurer un bien-être de base, toute l'équipe l'a porté – y compris le personnel de cuisine – très fréquemment pendant un trimestre. Le but était de donner peu à peu confiance à Émeric, afin de parvenir à le poser de plus en plus, le portage étant envisagé comme une étape. À 18 mois, Émeric restait plus demandeur en câlins que la majorité des enfants de la crèche. Le réveil en est un exemple : il passe un bon moment lové dans les bras d'une auxiliaire avant de partir jouer. Clotilde, la maman d'Émeric, raconte :

« Émeric est mon deuxième enfant. À sa naissance, j'étais bien convaincue de le laisser choisir son allaitement. Comme son frère, il s'est révélé être très câlin et ayant besoin de beaucoup téter. J'ai vite été séduite [par le portage], même si mon entourage familial et amical pensait que j'allais donner de mauvaises habitudes à Émeric. J'étais plutôt contente de la situation, car même s'il ne dormait qu'avec moi, il était très paisible. Les limites de cette méthode sont apparues quand j'ai dû commencer un nouveau travail. Émeric avait 3 mois. L'assistante maternelle s'attendait à ce qu'il fasse au moins deux siestes par jour dans son lit et prenne le biberon assez vite afin que je n'aie plus à passer le midi [pour lui donner le sein]. Or, Émeric refusait le biberon et m'attendait. Il ne dormait pas dans son lit, mais dans les bras de l'assistante maternelle. [Plus tard, à la crèche] le personnel […] a été très respectueux de sa petite personne et a très vite compris qu'il avait besoin d'être porté. Il s'endormait dans les bras et dès que la personne essayait de le poser dans un lit, il se réveillait. Heureusement, les auxiliaires de puériculture et leurs assistantes ont proposé de le porter dans l'écharpe de portage que j'utilisais. À partir de là, tout s'est beaucoup mieux passé. Émeric a passé des journées entières sur le dos de différentes dames de la crèche. Elles se le passaient de dos en dos sans qu'il se réveille ! À 10 mois, il a accepté de faire la sieste dans un lit. À la crèche également, on lui a installé un lit en toile comme celui qu'il a à la maison et, à présent, il fait deux longues siestes par jour dans ce lit. À 13 mois, c'est un petit garçon très sociable et indépendant qui s'intéresse beaucoup aux jeux proposés. Il reste très câlin, mais pas seulement avec sa maman. La sensibilisation et la formation au portage nous ont permis de comprendre le grand besoin

d'être porté de notre fils et de répondre de manière adéquate à ce besoin. Nous sommes également très reconnaissants au personnel de la crèche d'avoir accepté de porter Émeric autant qu'il le voulait pour se lancer seul et avoir confiance. »

Au sujet du portage, on observe une cohésion de l'équipe à tous niveaux. De la directrice au personnel de cuisine, en passant par l'éducatrice de jeunes enfants et les auxiliaires, toutes ont porté les enfants en demande.

Nous avons recueilli les points de vue de Caroline, d'Emmanuelle et de Djamila. Trois collègues, trois parcours différents, trois positions contrastées sur l'introduction du portage en crèche.

Suite à l'utilisation du hamac porte-bébé avec ses propres enfants, Caroline, auxiliaire de puériculture, a initié le portage dans cette crèche dès 1991. Elle a par ailleurs allaité ses enfants et elle a dormi avec eux. Elle a ensuite utilisé le porte-bébé pour la période d'adaptation des jeunes bébés à la crèche, pour l'endormissement et le coucher. [111]

Caroline observe que les bébés allaités demandent plus de contact que les autres enfants du même âge et qu'ils ont l'habitude de demander ce contact. Elle voit un lien entre la demande de portage de ces bébés et le fait qu'ils soient ou aient été allaités. Caroline estime que si tous les enfants étaient allaités et demandaient à être portés durant leur période d'adaptation, il faudrait un encadrement double par rapport à la moyenne. C'est un enjeu non négligeable pour l'avenir de nos enfants : voulons-nous investir dans l'humain ? Voulons-nous des enfants confiants et donc autonomes intrinsèquement ou des enfants dont on a forcé l'autonomie et qui sont en fait frustrés ou résignés ?

Caroline a observé que la demande des parents se fixe le plus souvent sur les thèmes de la nourriture, du sommeil, voire de la propreté. Le portage ne fait pas partie de leur demande de prime abord. Il s'accorde ou ne s'accorde pas avec leurs choix. L'enfant n'est porté à la crèche que si les parents font une demande précise à ce sujet. Quoi qu'il en soit, l'équipe ne se substitue en aucun cas aux parents : chaque enfant a un seul papa, une seule maman. Mais l'équipe s'accorde pour reconnaître les besoins en câlins des tout-petits, et l'accueil se fait souvent dans les bras des auxiliaires de puériculture. Chaque fois que cela est possible, le personnel cherche à comprendre l'enfant et à répondre promptement à sa demande. Cette étape de reconnaissance des besoins en câlins des petits et la disponibilité du personnel semblent être un prérequis incontournable à l'épanouissement optimal des enfants confiés en crèche.

Les enfants portés sont rassurés de savoir qu'on les portera s'ils le demandent. Cela fait partie de leurs repères, mais cela ne signifie pas pour autant qu'ils demandent sans cesse à être portés. Pour Caroline, il importe de faire la différence entre travail et affect. Le portage dans les bras est différent du portage dans un porte-bébé qui met les deux partenaires en corps à corps (toutefois, l'intimité entre le personnel de crèche et l'enfant est bien moins grande lorsque l'enfant est porté dans le dos que s'il est câliné ou porté dans les bras). Un encadrement et une formation sont indispensables, afin que le personnel soit bien au clair avec ces notions.

Pour Caroline, le portage est indéniablement un plus pour les crèches. Cependant, il faut savoir garder sa place. Si on porte un enfant pour son confort et son bien-être à lui, c'est très bien. Un professionnel doit porter un enfant pour lui faire plaisir et non pour se faire plaisir à soi. Selon elle, le risque de confusion est particulièrement présent si l'on est jeune et sans enfant.

Emmanuelle a trois enfants. Elle a donné le biberon aux deux aînés et a tenté l'expérience de l'allaitement avec son troisième enfant. Elle considère avec bonheur toutes ces expériences. Elle a utilisé un porte-bébé kangourou pour faire ses courses tout en portant son troisième bébé.

Au moment où l'équipe a commencé à utiliser l'écharpe avec ces enfants, une seule personne était quelque peu réticente : Emmanuelle. Elle a appris le portage à la crèche par la force des choses, puisqu'elle était l'auxiliaire de puériculture référente d'Émeric. L'expérience était totalement nouvelle pour elle. Emmanuelle dit qu'on lui a imposé le portage et que "c'était sympa".

À cette époque, le portage ne faisait pas partie de ses valeurs. Elle avait beaucoup entendu sa propre mère lui dire : « Ne porte pas les enfants, ça les rend capricieux ! » Emmanuelle fut très étonnée des sensations perçues lors des premiers essais. Elle pensait qu'Émeric serait plus lourd ! La première fois qu'elle a porté son fils, c'était sur son ventre. Elle s'est quelque peu énervée, car elle ne parvenait pas à travailler. Ensuite, elle l'a toujours porté sur son dos, afin de pouvoir s'occuper des autres enfants. Elle raconte que, sans voir Émeric, elle sentait très bien s'il dormait ou s'il était éveillé. Il dormait en général deux heures le matin et deux heures l'après-midi dans l'écharpe. Avec le temps, Emmanuelle a fini par vraiment adhérer au portage. Souvent, le matin, elle installait Éliette sur son dos de sa propre initiative.

Djamila est éducatrice de jeunes enfants. D'origine algérienne, elle a porté ses propres enfants selon la tradition familiale, dans un carré de tissu, pendant quelques mois chacun. Elle a installé son bébé pour la première fois tout contre elle avec l'aide de sa maman. Elle a également porté les bébés demandeurs à la crèche dans l'écharpe porte-bébé.

Selon Djamila, le portage offre une possibilité d'accompagnement dans la détente. Cependant, elle estime qu'un professionnel ne devrait pas porter à contrecœur. Après l'acquisition d'une technique, il devra se montrer prêt psychiquement envers l'équipe à vivre cette expérience encore nouvelle chez nous.

Le portage apporte une imprégnation par le contact et la pression. Le langage du toucher est beaucoup plus explicite que les mots, particulièrement pour des enfants en bas âge. Avec le toucher, on est dans le vrai. On ne peut pas mentir, alors qu'on peut très bien dire des horreurs à un enfant tout en lui faisant de grands sourires. Cette approche authentique lui semble très positive pour les enfants. Djamila a également recours à d'autres pratiques traditionnelles dans le cadre de son travail en crèche, par exemple l'hydrothérapie. Lorsqu'un enfant est énervé ou tendu, elle lui propose un bain. Il y a une pataugeoire à la crèche. En été, le matin, les enfants peuvent y jouer tous ensemble. Cela les rafraîchit. Ils apprécient beaucoup les caresses avec de l'eau. Djamila propose aussi des massages, mais toute l'équipe ne la suit pas dans cette optique. Les massages dans le dos avec des balles de tennis amusent et détendent les enfants. Pour elle, dans le portage, c'est le corps qui fait passer le message.

L'essentiel n'est pas dans le matériel, mais dans ce que le corps de l'adulte dit à celui de l'enfant. Cette réflexion, émise dans ce contexte par une jeune professionnelle française d'origine nord-africaine, nous a particulièrement touchées. En effet, Djamila a, en tant que mère, reproduit, pour un temps plus bref que si elle avait vécu dans son pays d'origine, les traditions de portage transmises par sa propre mère[112]. L'écharpe de portage en sergé croisé et le hamac à boucles ne sont en fait que des versions occidentales de porte-bébés traditionnels, souvent plus rudimentaires, que l'on redécouvre d'ailleurs souvent avec plaisir après avoir apprivoisé le portage.

Une conclusion ? Les enfants qui en demandent beaucoup à l'équipe et qui ont été portés lui donnent beaucoup de satisfaction. L'équipe estime avoir atteint un résultat particulièrement positif avec ces enfants. Ils viennent à la crèche avec plaisir et le personnel aime travailler avec eux. Il y a en eux une grande sécurité intérieure. Par ailleurs, les enfants non portés ont très bien vécu le portage des autres enfants. Un bébé détendu ou endormi dans le dos de l'auxiliaire est plus agréable pour eux qu'un bébé qui pleure. Si le portage permet d'accompagner l'enfant dans sa recherche de sécurité, il n'est pas pour autant nécessaire de le lui offrir en continu. Une fois l'adaptation faite, il est plus serein, plus confiant et se contente souvent de savoir que ses besoins seront satisfaits s'il demande à être porté. Contrairement aux croyances répandues chez nous, l'enfant ne quémande pas sans cesse ; il n'a pas de "mauvaises habitudes". Il se détache de lui-même progressivement lorsqu'il est prêt à le faire, si on lui laisse le temps de ressentir et d'exprimer par lui-même ses besoins fondamentaux.

L'équipe estime avoir fait du bon travail au niveau de l'adaptation d'Émeric, qui n'est pas dans la résignation, alors que bon nombre d'enfants semblent résignés dès le moment de leur entrée en crèche. Cela n'a pas toujours été facile. Paradoxalement, le portage est encore perçu comme un concept récent ; il vient pourtant de très loin dans le temps !

Le portage permet à l'enfant porté de réaliser son désir d'apprendre par imitation avec un adulte aimant. Il en résulte, comme nous le montre Marlène Wietrzykowski, une communication verbale d'une grande richesse, communication qui imprègne la relation de l'enfant au parent qui le porte, mais également sa relation à tout ce qui l'entoure et qu'il va apprendre à verbaliser en le parcourant, perché dans une position sécurisante. Le portage sur la hanche et sur le dos est particulièrement approprié pour de tels échanges.

Portage, langage, développement cognitif

J'ai commencé presque immédiatement à porter ma fille, plutôt que de la faire rouler en landau ou poussette. Elle ne se plaisait pas du tout dans le landau, et j'étais encombrée par cet engin. J'ai commencé à la porter dans les bras, puis je me suis intéressée au seul système présenté comme original disponible pour le grand public facilement, le Tikamak[113]. Je n'ai connu le porte-câLLLin[114], diffusé par La Leche League, que pour ses huit mois ; celui-ci ne nous a dès lors plus quittées pendant deux ans. Je sortais beaucoup avec mon bébé, cela nous distrayait toutes les deux. Tout naturellement, elle était tout près de moi, sur la hanche le plus souvent, et tout naturellement, je lui parlais beaucoup. Je suivais son regard et je lui racontais ce qui semblait l'intéresser. Elle a pris ses repères sur nos trajets habituels, et avant même d'y arriver, lorsque j'annonçais le marchand de jouets et ses ballons, elle était tout excitée.

Parmi ses premiers mots, vers 13 mois, il y a eu canard, ballon, chien... toutes choses que nous avions vues et revues pendant sa première année lors de nos promenades. Je n'y ai repensé que plus tard, quand j'ai pris conscience de l'importance essentielle du portage pour le développement du langage.
J'ai une formation d'orthophoniste et j'ai été très sensibilisée à l'importance du langage adressé à l'enfant pour qu'il élabore lui-même son propre langage. Il faut raconter, chanter, décrire en situation, autant que possible. J'ai découvert, assez incidemment finalement, à quel point le portage était important de ce point de vue. Un jour, j'ai pris exceptionnellement la poussette. Aussitôt, j'ai été frappée par la distance entre moi et mon bébé, par mon impossibilité à voir ce qu'elle regardait et, par conséquent, à lui parler de ce qui l'attirait. Le dialogue interactif fin était réduit de 80 %. Je me contentais de l'avertir d'un bruit, de lui demander si tout allait bien, sans même être sûre de ce qu'elle entendait.
Une amie qui a découvert le portage un peu plus tard et a beaucoup utilisé la poussette, portant en porte-câLLLin sa fillette de deux ans, m'a confirmé cette impression. Elle avait beaucoup plus parlé à son enfant du simple fait de la proximité physique.
Je voudrais citer assez longuement un passage d'un livre de Rachel Cohen et Ragnhild Söderbergh, *Apprendre à lire avant de savoir parler* (Albin Michel, 1999). C'est Rachel Cohen, docteur d'État en sciences de l'éducation, qui écrit (p. 33) à propos des jeux de langage :

« À mon avis, le jeu de base est, sans nul doute, le jeu "regarde-et-nomme". Ce jeu se déroule de la manière suivante : l'enfant et l'adulte sont ensemble. L'adulte observe que l'enfant manifeste un intérêt tout spécial pour un objet particulier, par exemple un oiseau sur l'appui de la fenêtre. L'adulte, alors, se tournant vers l'enfant, pointera son doigt vers l'oiseau en disant : Regarde ! Qu'est-ce que

c'est ? C'est un oiseau. L'enfant s'aperçoit alors qu'il partage son expérience avec l'adulte et ceci accroîtra son plaisir. L'enfant et l'adulte partageront ainsi la découverte des objets de leur environnement, et des rituels s'instaureront autour d'objets favoris avec des commentaires, maintes fois répétés, initiés soit par l'enfant, soit par l'adulte.
Progressivement, l'enfant y prendra une part de plus en plus active, babillant et gesticulant. Il apprendra à pointer lui-même et s'essayera à imiter les mots répétitifs du jeu. Il parviendra aussi à reconnaître les mots désignant les objets eux-mêmes dans des petites phrases usuelles : au début, il les comprendra, puis progressivement essaiera de les dire lui-même. Ainsi, le jeu de "regarde-et-nomme" est un véhicule puissant d'apprentissage du vocabulaire. Pourquoi ? Ce n'est pas seulement parce que des mots désignant des objets qui éveillent l'intérêt de l'enfant sont mis en relief, qu'ils sont prononcés de manière claire, dans les mêmes termes, et toujours accompagnés par la désignation du référent. C'est aussi parce que cette expérience est partagée et que le plaisir de partager est accentué par le ton de la voix, le visage toujours souriant de l'adulte. La voix et le sourire indiquent que l'objet ou l'événement dont il est question vaut la peine d'être observé et que son nom devient donc indispensable. »

C'est exactement ce qui se passe lorsqu'on se promène en portant son enfant près de soi, sans même se trouver dans une situation particulière de jeu, et tout en accomplissant le plus souvent un trajet utile pour le parent. Ainsi l'enfant reçoit les informations verbales sur ce qu'il découvre au moment précis où il est attiré. La qualité de l'apprentissage est incomparable pour l'enfant qui cherche à décrypter le monde. Les promenades ou les trajets sont ainsi l'occasion de moments de plaisir partagé, rendus plus intéressants tant pour l'enfant que pour l'adulte, qui prend aussi plaisir à découvrir la variété des intérêts de l'enfant, leur diversité et ses préférences qui se manifestent vite, sa joie anticipée à l'annonce d'une chose qui l'attire particulièrement et dont le nom prononcé, ajouté à la similitude de situation, permettra la représentation mentale avant qu'il ne l'aperçoive.

La sortie représente un moment fort dans l'éveil de l'enfant, dans sa découverte progressive d'autres lieux que la maison. Il est plus attentif, le parent est plus disponible. Mais pour un enfant porté à l'intérieur de la maison, les avantages sont les mêmes, dans un cadre plus restreint. À un enfant qu'on a dans les bras, on parlera plus, on fera toucher, sentir, goûter. Il participera naturellement aux activités de l'adulte, et ceci est possible dans de nombreuses circonstances. Sans certes empêcher non plus l'enfant de s'endormir lorsqu'il sera lassé de toutes ces sollicitations...

On pourrait évoquer de nombreux autres aspects qui [...] permettent de favoriser le développement cognitif. Peut-être serait-il plus juste de parler d'un développement cognitif optimal, tout comme il est plus juste de parler des inconvénients de l'alimentation artificielle et non des avantages de l'allaitement maternel (celui-ci doit être considéré comme la référence). Un enfant porté à hauteur des adultes est présenté au monde et même introduit dans le monde. On lui y donne une place. Beaucoup de parents porteurs pourront témoigner que les passants regardent et sourient beaucoup plus à leur enfant qu'à ceux qui sont dans une poussette, à hauteur des jambes, des pots d'échappements et des chiens. Cela permet à l'enfant l'observation optimale des visages humains : dès les tout premiers jours, le nouveau-né est attiré préférentiellement par les visages humains, y compris sous leurs formes schématiques. Il prend aussi mieux l'habitude d'être considéré.

Malgré des remises en question actuelles, on parle encore classiquement de la période du huitième-neuvième mois comme celle de la découverte de la permanence de l'objet[115] : l'enfant découvrirait à ce stade qu'un objet continue d'exister

même s'il le perd de vue, et souffrirait donc plus à ce moment de l'absence de la mère, son souvenir restant présent.
Mais dès l'âge de cinq mois, il m'a été clairement possible d'observer chez mes enfants (portés sur la hanche) – et je suis persuadée que de nombreuses personnes pourraient refaire ce constat avec leurs propres enfants, y compris plus jeunes encore – que, croisant et observant sur notre chemin une personne qui avance en sens contraire (ou un objet mobile), qui se retrouve momentanément dissimulée par mon épaule (profil) à l'instant où nous nous croisons, ils tournent la tête en arrière pour continuer à la voir. Et ce malgré donc le moment où elle a été hors de la vue et cesse théoriquement d'exister et donc de les intéresser. Soit ils savent qu'elle existe toujours, soit ils le supposent et le vérifient. Ces notions d'avant/arrière et les capacités perceptives de l'espace sont très utiles ; le portage contribue à les développer efficacement.
Mais tout ceci vient naturellement en plus des avantages, au plan affectif, du portage que nous avons tous pu vivre.

Je conclurai en citant T. Berry Brazelton, dans son ouvrage *Ce qu'un enfant doit avoir*, co-écrit avec Stanley I. Greenspan, (Stock, 2001) : *« Le fait d'être là, tout simplement, est tellement important. Sur les plateaux du Mexique [...], les mères interagissent rarement ou pas du tout en face à face avec le bébé. Mais elles le portent toute la journée dans un serape (châle ou couverture portés par les femmes mexicaines). Elles lui donnent le sein jusqu'à soixante-dix ou quatre-vingt-dix fois par jour. On peut dire qu'elles "sont là" pour le bébé. »*[116]
Avant tout, le portage nous permet à nous aussi d'être là pour nos enfants.

Marlène Wietrzykowski

VI

Le portage au quotidien

Devenir grand frère ou grande sœur ou grand-parent… différemment

Au cœur de la famille, l'accueil du tout-petit par le portage peut bouleverser les habitudes… parce que la vie continue comme auparavant ou presque ! La famille peut continuer à se déplacer, puisque bébé n'a pas absolument besoin que l'on déplace un gros volume de matériel de puériculture. Il demande juste l'essentiel : la présence, le contact !

Si vous avez des adolescents à la maison, vous pourrez fonctionner comme une famille élargie et trouver autour de vous plusieurs relais pour câliner bébé lorsque vous souhaiterez un peu d'aide, sans devoir nécessairement le poser. Petits et grands trouveront leur place par rapport à ce tout-petit qui débarque et ne leur vole pas totalement leurs parents. Les moyens et les grands pourront aisément porter bébé. Les enfants apprécient de pouvoir participer à son habillage, au change… Le portage peut faciliter l'acceptation d'un bébé au sein de la famille par l'enfant qui perd son statut de petit dernier. On peut lui proposer un foulard ou une réplique du porte-bébé afin qu'il puisse imiter sa maman et porter, lui aussi, son petit…

Les enfants donnent aisément ce qu'ils ont reçu. Ils savent qui ils sont, ce qu'ils aiment, ce dont ils ont besoin dans le contexte qui est le leur. Ils apprennent par imitation, naturellement. Ils aiment aussi être portés même lorsqu'ils sont grands et recevoir ainsi une confirmation du fait qu'ils sont encore les bienvenus tout contre nous et qu'ils y ont toujours une place de choix, malgré l'arrivée d'un "petit parasite" – j'entends par là un petit être qui a osé élire domicile sur le buste de leur maman et qui fait des risettes avec leur papa. Un aîné qui n'a pas été porté bénéficie souvent lui-même de l'écharpe ou du hamac entré dans la maison à l'occasion de la naissance du petit deuxième.

> *« Trois mois après la naissance de sa petite sœur, Nicolas, trois ans, a demandé pour la première fois à la prendre dans ses bras. Le matin même, je faisais une longue promenade avec lui dans mon dos et sa petite sœur sur mon ventre. J'étais heureuse de pouvoir lui donner ce moment de portage, et heureuse de pouvoir vivre cela avec mes deux petits, dans le vent et le froid. J'arpentais des rues pavées qui montent et qui descendent. C'était vraiment du sport et j'ai pensé aux fortunes que l'on peut dépenser pour aller chercher de fortes sensations loin de chez soi. Des sensations fortes mais*

pleines de sérénité, on peut en trouver chez soi, au coin de la rue. On peut se dépenser pleinement en faisant de la marche avec ses enfants. »

Faire le plein de sensations

À qui les bénéfices du portage ? Aux enfants uniquement ? Rien n'est moins sûr. Ce contact en mouvement, chaleur, sons et vibrations procure sensations et détente aux parents. Ne voit-on pas dans le film “La Belle Verte”, de Coline Serreau, une extraterrestre débarquée sur terre se faufiler dans une maternité, la nuit, pour se recharger en énergie en tenant des nouveau-nés tout contre elle ? Les mères disent que le portage les apaise ; celles qui massent leur bébé racontent qu'elles sentent leur propre stress diminuer pendant le massage. Beaucoup découvrent leur corps sous un angle insoupçonné. Elles utilisent leur dos, apprennent à faire confiance “sans voir”, “sans vérifier”.

Parmi les plaisirs liés au portage, je citerais celui de sentir la chaleur de son enfant tout contre soi… ou encore la joie d'entendre les bruits qu'il fait quand il se met à téter dans le vide en dormant. C'est aussi un plaisir de l'adulte porteur qui l'aide à se détendre dans le moment présent. Pour de bonnes sensations, rien ne vaut la proximité des corps, leur ancrage, mais aussi… une aisance du porteur dans son rapport avec le sol. Des chaussures qui permettent de se servir librement de tout son pied – les orteils y compris – ne sont pas un luxe. Une bonne utilisation des pieds en mouvement est source de bien-être, et toute la posture du corps du porteur peut s'en trouver positivement affectée.

L'intérêt de certaines postures de portage en relation avec quelques problèmes de dos du porteur vaudrait la peine d'être creusé. S'il est sous-utilisé ou mal utilisé, notre dos ne demande souvent qu'à se muscler et à porter pour mieux se porter !

Emmener son tout-petit tout contre soi en société, cela peut aussi se faire en tenue chic à une fête habillée. Dans certaines publicités américaines pour porte-bébés en soie, on voit des mères en talon aiguille… Un fabricant allemand de porte-bébés a illustré ses dépliants de photos d'une mère vêtue d'un tailleur, portant un bébé aux pieds nus… Comme quoi, on peut être proche de son enfant en toutes circonstances !

Le bébé porté est un autre bébé

En tenant compte de ses capacités d'interactions physiques et relationnelles, un bébé porté n'investit pas son corps et la relation à son parent de la même manière qu'un bébé "transporté" couché sur le dos dans un landau. De même, un bébé porté qui se trouve en société n'a plus grand-chose à voir avec un bébé dont les besoins de base sont, la plupart du temps, passés sous silence ou ignorés. Que faire de ces bébés ? Quels horizons s'offrent à eux et à leurs parents ? Si le portage peut nous réconcilier avec le bébé, moins frustré, plus serein, il est de notre devoir de protéger ce "bébé apaisé et apaisant", un bébé qui est source de paix, source de lien…

Reconnaître la primauté du lien maman-bébé et respecter leur ressenti

Dans la plupart des cultures humaines, on note une prééminence du lien mère-enfant sur tout lien que l'enfant pourrait établir avec autrui. La situation actuelle d'une majorité de mères européennes et nord-américaines, en grande solitude pour assumer la responsabilité des soins, de l'amour et de l'éducation de leur progéniture, n'est pas celle que vivent les mères qui portent leur bébé dans une culture où le portage est transmis en héritage et où l'enfant est élevé par une famille élargie.

Sans vouloir idéaliser de telles cultures, il est important de noter que les mères n'y portent pas leur bébé en permanence, comme on le croit parfois. Il n'y a souvent pas de berceau, pas de mobilier sophistiqué de puériculture à portée de main. On porte les bébés très tôt, dans des ustensiles faisant partie du décor, et les femmes sont entourées de personnes – femmes comme elles dans certaines cultures, hommes également en Asie, par exemple – pour porter les enfants. Il est sain que la mère puisse trouver appui auprès du père et d'autres personnes pour élever un bébé et que ces personnes apprécient la présence et les interactions avec le bébé.

Je me souviens de l'époque où je participais à des répétitions de théâtre, mon petit dans son écharpe, sur mon ventre ou sur mon dos. Il tétait quand bon lui semblait et ne dérangeait nullement les répétitions. Il nous avait accompagnés durant tous ces moments de répétitions. Ses yeux pétillants par-dessus mon épaule ou sa tête appuyée sur moi lorsqu'il dormait faisaient partie du décor et c'est le jour de la première représentation que nous nous en sommes rendus compte : il a fait une promenade avec sa grand-mère pendant que nous jouions. Mon amie Corinne m'a alors dit que mon bébé lui manquait. Il avait tout simplement sa place là où sa maman se trouvait.

Soutenir sans s'immiscer

Certains grands-parents s'intéressent au portage pour les jours de garde qu'ils assurent auprès de leur petit enfant, en prévision de promenades. Il faut pouvoir accorder une certaine forme de confiance et de complicité pour accepter que le grand-parent porte un tout-petit. Dans certains cas, ce ne sera pas un problème et dans d'autres, on voudra préserver ce moment d'intimité sans vouloir y inclure le grand-parent. Comme tout le reste, c'est à géométrie variable au fil du temps et des personnes.

Le rôle de l'entourage immédiat des parents et celui des professionnels de la santé et de la petite enfance est de soutenir le lien parent-enfant. Leur proposer ou leur imposer une séparation injustifiée n'est pas un moyen approprié pour atteindre ce but. Leur rôle est d'être là, attentifs, mais le plus discrets possible face aux liens qui se créent, afin de laisser fleurir ce qui ne demande qu'à s'épanouir. Les bébés ne pourraient-ils accompagner leurs parents sur leur lieu de travail, dans divers contextes adaptés ?

Le portage comme protection face aux intrusions

Certains parents utilisent l'écharpe pour se protéger de personnes trop intrusives. Ces parents sont conscients qu'ils ne sont pas prêts à lâcher leur tout-petit et agissent de façon à ce que leur ressenti soit respecté.

Un entourage peu sensible à ces notions sera plus respectueux de la limite mise par ce tissu (« oh, je viens juste de l'installer dans son écharpe ! »), paradoxalement plus qu'à celles placées par les bras du parent ou par le sommeil de l'enfant dans un berceau. Peu importe si l'on vous fait remarquer qu' « on ne peut jamais le voir, cet enfant ; il est tout le temps dans son porte-bébé/au sein/vous l'étouffez ! » L'important est que les parents restent connectés à ce qu'ils ressentent profondément et qu'ils agissent en conséquence avec leur enfant.

Faire équipe avec les parents pour soigner un enfant

De nombreuses situations que nous n'avons pu envisager ici pourraient probablement être simplifiées, rendues plus "légères" par le recours au portage.

Dans le cadre d'une hospitalisation, il peut notamment permettre aux parents et aux soignants de coopérer pour un accompagnement plus chaleureux de l'enfant[117]. Les parents découvrent ainsi un profond sentiment de compétence et d'autonomie tout à fait légitime, dans les moments délicats ou dans la vie au quotidien.

Des professionnels du monde entier se forment à l'application de la Méthode Mère Kangourou (MMK) et accompagnent les parents à l'hôpital, puis en consultation ambulatoire, selon des modalités chaque fois revisitées en fonction des moyens et de la culture ambiante. Les bébés qui en bénéficient sont portés 24 heures sur 24 par la mère, le père, les frères et sœurs, les grands-parents, en peau à peau dans un bandeau. Les bébés sont vêtus d'une couche, de chaussettes, d'une chemise sans manches et d'un bonnet.

La MMK est utilisée à divers degrés, dans différentes régions du monde, depuis Bogota, en Colombie (ville qui l'a vu naître) jusqu'en Europe, en Afrique et en Asie, particulièrement en Inde où des milliers d'enfants ont déjà pu en bénéficier. Cette méthode n'est pas destinée à supplanter la technique médicale hautement spécialisée, mais à la compléter, à humaniser les soins aux tout-petits, à rendre aux parents leur rôle premier auprès de leur enfant dès que cela s'avère possible... soit bien plus tôt qu'on ne l'imagine souvent. *« Le contact peau à peau prolongé, l'alimentation maternelle et la sortie précoce constituent les principes de base de cette méthode. »*[118]

En Europe, des professionnels s'initient au portage. La génération de demain trouvera probablement de l'aide en service de pédiatrie pour installer un enfant dans une écharpe accrochée en hamac à son lit d'hôpital ; elle rencontrera une personne attentionnée pour le porter tandis que maman souffle un peu. Demain, il ne faudra probablement plus autant batailler pour garder tout contre soi un petit, naturellement en besoin de contact, si aucune contre-indication médicale ne s'y oppose. On pourra adapter son suivi à un mode de relation maman-bébé dont les professionnels ont tout à gagner – même si, *a priori,* cela ne leur apparaît pas toujours comme tel – s'ils décident de collaborer avec les parents, de leur faire confiance.

Cessons de confondre séparation et intégration !

La tendance actuelle est à "l'intégration" de l'enfant dans la vie active en le coupant de la relation directe avec sa mère. On ne compte pas le nombre de poussettes qui encouragent les parents à tourner très tôt leur enfant dos à eux, face à la route. De même, certains porte-bébés créent un écran aux sensations avec l'enfant tourné face au porteur ou face au monde. Même avec les porte-bébés en tissu, la demande de portage face au monde est actuellement très forte.

Il est cependant possible d'envisager l'entrée du tout-petit dans le monde sous un mode bien plus doux pour lui et pour ses parents. Il est possible de combiner intégration sociale de bébé et relation intime avec la mère tout en respectant le confort de l'enfant et du porteur. Une piste : la thèse d'Evelin Kirkilionis, selon laquelle bébé est pré-adapté pour être porté sur la hanche, jambes écartées et relevées. On peut donc comprendre comment bébé peut être porté sur le ventre et sur le dos. Le portage traditionnel sur le ventre reste exceptionnel, mais en Occident, où l'on redécouvre le portage progressivement depuis les années 1970, les parents portent majoritairement sur le ventre, l'enfant étant soit face au porteur, soit (mode plus récente) face au monde. Nous ne sommes cependant pas constitués pour porter nos bébés sur le ventre, sur lequel nos enfants ne disposent d'aucun appui osseux comme dans le dos ou sur la hanche, de point d'ancrage, de creux dans lequel s'accrocher, s'emboîter, voire se lover…

Le portage sur le ventre, respectueux du corps du porteur, est plus délicat à réaliser que le portage dorsal ou latéral. L'enfant voit bien mieux s'il est porté sur la hanche ou sur le dos, tandis que le porteur s'active. Il semble que cela soit dans l'ordre des choses et du corps de l'humain de porter son enfant de cette façon.

L'enfant est bien petit pour porter sur ses seules épaules le poids de l'investissement d'un parent centré sur lui en permanence. Au parent de s'investir dans la relation avec son enfant, certes, mais pourquoi pas avec légèreté, en restant investi dans sa vie sociale ? L'enfant découvrira le monde, porté par une personne qui ancre sa raison d'être dans les interactions avec autrui en faisant autre chose que les courses ou la vaisselle…

Portage et travail

Certes, un congé est accordé à maman pour faire connaissance avec son tout-petit. De durée variable (quinze semaines en Belgique, dix en France), ces congés restent très courts. Quoi qu'il en soit, ce n'est pas une raison pour vous priver – et surtout priver votre bébé – de contacts intenses tant que vous êtes disponible. Il en va de même pour les moments hors travail (nuit, matin, soir, week-ends). Chaque moment est bon à prendre pour renfoncer vos liens et vous faire du bien !

Un bébé de dix semaines a besoin de réconfort, de câlins, de bisous aussi bien que de nourriture. Cela n'a échappé à personne et parents, responsables politiques et associations ont mis la main à la pâte pour créer des structures accueillant ces tout-petits (crèches, haltes-garderies ou jardins d'enfants). Bénéficier de soins et se sentir rassuré, compris, entouré, manger, boire, dormir, avoir des contacts, une communication, par des paroles, des gestes, écouter l'enfant dans ses besoins, c'est l'objectif de toutes ces organisations. Et si le portage pouvait être une aide, parmi d'autres, pour répondre à ces besoins ?

Travailler en portant son bébé

Certains parents font le choix d'exercer une activité professionnelle en compagnie de leur enfant. Ce sont le plus souvent des travailleurs indépendants, des salariés qui se trouvent occasionnellement dans des situations où la garde est impossible (crèche fermée, grands-parents malades…) ou dont l'employeur favorise la relation parent-enfant. Moyennant quelques adaptations parfois, ils peuvent prendre soin de leur enfant tout en menant leur activité.

Pour les travailleurs indépendants, il n'est pas facile d'engager d'autres personnes pour se faire remplacer… Impossible de "fermer boutique" pendant trois mois !

Apolline raconte :

« Reprendre le travail dans notre épicerie a été d'une facilité incroyable… grâce au portage. Nous avons recommencé le travail six jours après la naissance de notre fils. Il était blotti dans son porte-bébé et personne ne s'est rendu compte que j'avais accouché ! Les mains libres, on peut vraiment tout faire avec un enfant dans une écharpe… J'ai ainsi nettoyé le magasin, coupé du pain avec une machine bruyante, préparé des coupes, monté des paniers de légumes de la cave au magasin, rangé des livraisons… Tout cela sans que mon fils ne bronche une seule fois ! C'est très impressionnant ! »

Lorsque papa prend un congé parental

« Le portage long permet au papa de prendre sa place dans le cercle familial, trop souvent composé, dans nos sociétés occidentales, par la mère et l'enfant, le père étant "l'étranger" qui part bosser le matin et rentre, fatigué, le soir. Après la naissance, il est évident que le père a son rôle à jouer (à la naissance déjà, il doit être le père protecteur […], mais aussi et surtout un soutien […] qui peut décharger la maman au maximum pour qu'elle puisse être en forme et entière pour son enfant. Il peut aussi s'occuper de son enfant, le changer, l'habiller, ou encore faire sa toilette pour que maman puisse se reposer. J'imagine le bonheur et la quiétude d'une mère après la naissance, sachant son bébé en sécurité avec son papa. […] Il me semble important que le papa participe

aux diverses tâches ménagères. Mais quoi de plus valorisant que de le faire avec bébé, pendant que maman se repose ? Seule l'écharpe permet de vaquer aussi aisément à toutes ces activités tout en portant son enfant. C'est ainsi qu'Iscia, maintenant 9 ans, m'a « aidé » à faire son lit en bois, installée dans son écharpe, pendant que je sciais, coupais, vissais, sans parler du ménage, de la cuisine, des promenades et autres voyages: blotti contre nous, le bébé cesse d'être une contrainte et tout, ou presque, est possible. […] Les parents peuvent se compléter: alors que ma compagne travaillait comme interprète-traductrice, je l'accompagnais avec Iscia, notre bébé, dans l'écharpe. »

Guillaume Guérid

Être ensemble avant et après le travail

De la même façon qu'allaiter augmente le temps passé à échanger et à communiquer pour la maman, porter son enfant permet de passer plus de temps avec lui et de mieux le connaître. « *Pour les papas, c'est un excellent moyen de vivre plus de proximité physique avec leur enfant. J'ai un ami qui porte beaucoup son bébé. Le matin avant d'aller travailler, il met son enfant dans une écharpe, devant lui, sur la hanche ou dans son dos et vaque à ses occupations pendant que la maman fait la grasse matinée. Le bébé harnaché à lui, il prépare le petit-déjeuner, va chercher le journal, fait son brin de lecture assis sur une grosse balle qui permet de se balancer, fait la vaisselle, se brosse les dents… Le bébé ne perd pas une miette de cette routine et il est amusant et très attendrissant de les voir fonctionner si paisiblement.* »[119]

Le portage aide à se retrouver après le travail et, nous l'avons vu, facilite la transition pour l'enfant lorsqu'il passe d'une personne à l'autre. Il permet alors de concilier les aspirations du parent et de l'enfant à des retrouvailles chaleureuses, tout en faisant les courses ou en préparant le repas familial. Les besoins de l'enfant sont comblés sans accumuler de retard dans les tâches ménagères.

Être là autrement

J'aimerais partager une expérience avec vous. Nous avions organisé une rencontre à deux thèmes : l'allaitement et le massage-bébé. Nous étions une animatrice en massage, une étudiante sage-femme, un infirmier, une animatrice en massage-bébé et en allaitement et portage et moi-même.

Une seule maman s'est présentée à cette première rencontre, avec son bébé de deux mois. Dans un premier temps, nous lui avons proposé de parler de son allaitement, le temps de chauffer le lieu pour pouvoir déshabiller nos bébés et les masser. Elle était pleine d'inquiétude et doutait de sa pratique. Son allaitement nous a semblé se passer assez bien dans l'ensemble. Elle avait des questions sur divers points et nous lui avons donné les informations qu'elle demandait. Ensuite est venu le moment du massage. Nous avons déshabillé nos bébés (trois au total) et l'animatrice a massé son enfant à côté de la maman, qui a massé le sien. L'autre animatrice lui a proposé un massage dans le dos sur une zone qui détend particulièrement les mamans qui allaitent, et nous a expliqué comment pratiquer ce massage avec une petite balle.

Puis nous avons reparlé d'allaitement. La détente procurée par le massage-bébé avait changé la donne. La maman n'envisageait plus l'allaitement d'une façon intellectuelle. Soudain, elle était dans son corps, bien plus sereine qu'auparavant.

Le plaisir du toucher

Les cours de massage-bébé sont un exemple d'activité où les parents, particulièrement les mères, vont pour sortir de leur isolement. Les échanges qui y ont lieu entre mères sont aussi motivants que la découverte d'un mode de communication enrichissant pour leur relation avec leur enfant. Elles y découvrent que leur bébé est parfois disponible et parfois pas, et que ce n'est pas un problème en soi. Elles apprennent à lui proposer un massage et lui demandent son accord afin de vérifier s'il est bien disponible à ce moment-là. Elles apprennent que l'on sait quand on commence un massage, jamais quand il se termine : de quelques minutes à un long moment, tout est possible !

Auprès d'instructeurs formés par des membres de l'Association Internationale en Massage-Bébé (IAIM), elles apprennent des mouvements de massage issus des traditions indiennes (invitant à la détente) et suédoise (plus stimulants), ainsi que quelques positions de yoga adaptées aux bébés. Vimala McClure, fondatrice de l'IAIM, a beaucoup fait pour faire connaître cette pratique. Les mères y apprennent qu'elles ne sont pas seules avec leurs questions. Elles y viennent pour se détendre et peuvent trouver des réponses à des questions de confort de vie au quotidien. L'ambiance est à la détente : s'il n'est pas toujours facile de tout débrancher quand on est chez soi pour s'accorder ce moment avec son enfant, les cours de massage-bébé peuvent aider à découvrir les moyens d'instaurer ce moment au cœur du quotidien, de se détendre, de souffler profondément, que ce soit pour quelques instants – parfois plusieurs fois dans la journée – ou pour un long moment. Elles apprennent à donner libre cours au plaisir du contact, au jeu. Elles découvrent la multitude de petits signes que leur bébé leur envoie en réponse à leurs gestes et qu'il a une capacité énorme à communiquer. Elles apprennent qu'elles peuvent contribuer au bien-être de leur enfant sans avoir recours à des tiers, ce qui peut les aider à acquérir une bonne image d'elles-mêmes.

Comment y parviennent-elles ? Par l'apprentissage des signaux corporels émis par leur bébé. La communication parent-enfant s'améliore, les liens se renforcent. Il n'est jamais trop tard pour des parents de proposer un massage à un bébé ou à un enfant et de découvrir le plaisir d'un massage régulier ou d'un contact physique. Une communication non verbale de ce genre peut être aussi simple qu'une caresse sur l'épaule et peut exprimer l'amour et le soutien que l'on offre à son enfant. Cela peut aider l'enfant à se sentir compris et accepté. *« Un enfant qui est souvent pris dans les bras au cours de ses premières années développe une capacité à avoir des contacts intimes. » – « Le toucher étroit est essentiel pour les premiers attachements. »*[120]

Porter ou poser bébé à la demande

Il est des familles où bébé appelle pour être pris, et d'autres où, sans qu'il ait à exprimer de demande, il sera principalement porté et montrera quand il souhaite être posé pour gambader.

Utiliser le portage comme mode de transport lorsqu'on a été élevé sur un mode distal, dans une poussette, un berceau, un transat, une chaise haute, etc., c'est déjà faire un bout de chemin. Adopter son petit tout contre soi et passer au portage "mode de vie" est une dimension qui change la vie et votre regard sur vous-même et sur votre enfant. C'est cesser d'exiger du bébé quelque chose qu'il n'est pas prêt, physiologiquement, à vivre de façon sereine et épanouissante : qu'il apprenne prématurément à vivre seul et qu'il explore le monde seul. Cela ne favorise pas son autonomie et peut s'avérer extrêmement frustrant pour lui.

L'autonomie se prend plutôt qu'elle ne se donne. N'hésitez pas à prendre des bains ensemble et à lui donner ses repas sur vos genoux.

Comment faire les gestes ?

Poser et soulever bébé peut se faire de nombreuses façons, plus ou moins respectueuses de l'enroulement de son corps. Le poser d'abord sur un côté, le faire passer par un côté avant de le soulever, lui évite des frustrations.

Indépendamment de la demande de contact de l'enfant et de votre façon d'y répondre, votre manière de faire ces gestes contribue à rendre votre bébé plus heureux.

Il existe de multiples façons de porter son enfant, de faire des gestes rapides ou lents, nerveux ou sereins. Ce sont vos gestes, c'est votre façon de faire que vous offrez à votre enfant. Vous pouvez, suivant les cas, ralentir ou retrouver un certain rythme d'activité, en ayant recours au portage. N'hésitez pas à observer comment d'autres parents s'y prennent avec leurs enfants. Faites votre marché et "empruntez" les idées et les façons de faire qui vous tentent…, mais ne vous comparez pas sans cesse en imaginant que les autres parents sont parfaits et pas vous !

Le parent idéal n'existe pas et c'est tant mieux. Je me souviens de deux mamans qui participaient à un cycle de massage-bébé. Les échanges prenaient une place importante et, vers la fin du cycle de cinq rencontres, une maman a confié au groupe qu'elle était très ennuyée, parce qu'en massant son bébé à domicile, elle était incapable de reproduire les mouvements vus au cours dans l'ordre dans lequel nous les avions pratiqués. Elle réinventait à chaque fois un massage original pour sa fille, composé de mouvements que nous avions vus ensemble. C'est alors que sa voisine nous a avoué qu'elle aurait bien aimé pouvoir faire preuve d'un peu plus de fantaisie lorsqu'elle massait sa fille. Elle reproduisait au détail près chaque mouvement de massage, dans l'ordre proposé au cours, sans aucune difficulté. On se complique parfois la vie en voulant être le parent d'à-côté et en dévalorisant ce que l'on est et ce que l'on a à offrir à son propre enfant.

Un toucher plein d'amour, donné avec fantaisie ou régularité, sera toujours un toucher plein d'amour, donné par une personne que l'enfant connaît et apprend à aimer. L'intention qui passe dans ce toucher est importante et les propositions sont là pour que les parents s'en inspirent et non pas pour qu'ils deviennent des instructeurs en massage-bébé. Les parents sont là pour être pleinement dans la relation avec l'enfant qui est le leur. L'intérêt d'une routine de massage est qu'elle instaure des repères en situation non stressante, repères qui pourront être utilisés dans des situations extraordinaires, telles qu'un séjour à l'hôpital. Le rythme habituel revient, même en dehors du cadre dans lequel le massage a lieu, et ces repères sont une source de satisfaction pour le parent et l'enfant.

De même, dans le portage, au-delà des questions de maîtrise de techniques précises, les gestes et la façon d'être du porteur avec l'enfant font de chaque portage un moment unique. Les repères instaurés, pour le transport ou pour un "portage mode de vie", sont bien utiles pour traverser ensemble des moments délicats. Quant à l'espace indescriptible qui va du "portage transport" au "portage mode de vie", il n'y a pas à s'en soucier : il y a juste à suivre bébé, grand connaisseur, qui saura vous montrer de quoi il a besoin. Votre travail là-dedans ? Sortir vos antennes, vous rendre disponible, vous faire du bien aussi !

Des jeux moteurs stimulants

Outre le massage-bébé, certains parents participent à des rencontres d'éveil psychomoteur organisées autour de situations stimulantes, non frustrantes, permettant à l'enfant de prendre confiance en son corps et renforçant la relation avec ses parents.

Selon le mouvement Pekip[121] qui a du succès en Allemagne, les bébés ont besoin, pour se développer de façon optimale, de beaucoup d'amour, de tendresse et de stimulations adaptées. Les jeux et stimulations proposés aux enfants de 0 à 1 ans, qui se meuvent nus dans l'espace, favorisent le développement de leurs capacités. Parents et enfants font une magnifique expérience sensorielle. Des jouets tout simples et pleins de sens, à fabriquer soi-même, sont utilisés au cours de ces activités.

Ces jeux moteurs rappellent la pratique traditionnelle d'une gymnastique quotidienne à laquelle on attribue en partie l'avance motrice des petits issus de cultures où les bébés sont intensément portés : *« Ils font l'objet de manipulations travaillant sur l'extension des articulations et leur bon fonctionnement, qui (encouragent) l'enfant à vaincre sa peur par le biais de suspensions en particulier. »*[122]

Le plaisir des loisirs "bébés admis"

La Ronde des Bébés[123] propose à Paris des activités pour que les parents puissent se faire plaisir, vraiment… *« parce que le bien-être des parents fait le bonheur des enfants »*. Elle a pour objectif de sortir les parents de leur isolement. Elle leur propose des rencontres, au sein d'un réseau d'entraide et de proximité.

Après avoir répondu à la demande en échanges et en information, par des conférences suivies d'un débat, autour de professionnels spécialistes de la périnatalité et de la petite enfance, elle a développé des projets novateurs visant à élargir les loisirs des parents en compagnie de leurs bébés ou sans eux. Par exemple, lors des activités en piscine, les parents viennent avec ou sans bébé, au choix ; les mères peuvent rééduquer leur périnée, l'un des parents, père ou mère, peut se détendre tandis que l'autre joue avec bébé. Un maître-nageur formé à la périnatalité accompagne les parents. La famille est prise en compte dans sa globalité. On joue. Tout le monde parle dans la piscine… et se retrouve ensuite autour d'un verre.

L'association a su convaincre un cinéma de quartier de proposer en week-end et en matinée des séances ouvertes aux familles où les bébés sont admis (à coût modéré). Concrètement, cela demande de tout petits aménagements : une table à langer est mise à disposition par l'association et un local est prévu pour y garer les poussettes. Une animatrice se charge, avec le cinéma, de sélectionner des films légers qu'il est facile de suivre, même après être sorti quelques minutes de la salle pour promener son bébé. Après la séance, le cinéma offre un verre aux familles participantes. Il y a tant à échanger ! Être ensemble, voilà ce qui motive tout ce petit monde.

Comme village africain… en plein Paris

Dans le 19e arrondissement, à Paris, le Café Zoïde (cf. adresses utiles en fin de livre) – ou Café des Enfants – accueille des ateliers pour enfants et pour parents de jeunes enfants. On peut y passer prendre un verre et parler. Les petits et les grands sont bien accueillis dans cet espace de liberté, y compris les grands-parents.

Chacun fait de Café Zoïde sa propre maison. On y propose, entre autres, du “slow food” : chacun peut prendre le temps de manger et goûter vraiment ce qu’il y a dans son assiette. De nombreuses activités sont proposées : ateliers bricolages, coin lecture dans d’immenses hamacs arrimés aux murs. De nombreuses associations y interviennent. C’est un endroit de mixité sociale et culturelle : ses portes sont ouvertes à tous, peu importent l’origine et les moyens financiers de chacun. Les enfants qui, d’ordinaire, jouent dans la rue peuvent se retrouver dans ce lieu plus encadré qui leur est réservé. Les animateurs sont garants du lieu et du projet, mais cela n’a rien d’une garderie : les enfants ne peuvent y rester sans accompagnant qu’à partir du moment où ils sont capables de rentrer chez eux par leurs propres moyens. Il y a quelques règles de vie à respecter : règles de sécurité ou encore respect de la convention internationale des droits de l’enfant (refus de toute violence, physique ou verbale).

Le Café Zoïde a une particularité unique par chez nous : il vit comme un village africain. Un proverbe africain dit : *« Il faut tout un village pour élever un enfant. »* Les parents et autres accompagnants s’impliquent donc naturellement pour s’occuper d’un enfant qui n’est pas nécessairement le leur. Et les jeunes mamans y trouvent d’autres mères avec lesquelles elles peuvent échanger leurs expériences et compétences. Le Café Zoïde se veut un lieu de proximité, mais c’est aussi un lieu de passage pour des personnes venues de loin. Certaines viennent d'ailleurs y chercher de l'inspiration pour créer des lieux du même type. Une réunion est proposée chaque mois aux personnes qui souhaitent développer un projet dans la même lignée. Le café des enfants fait des petits…

« Quand on connaît ce genre d'endroit, on ne souhaite plus s'en passer. Le Café Zoïde est un lieu où l'on peut aller avec plusieurs enfants d'âges différents. J'y viens depuis que je suis dans le quartier, c'est-à-dire 4-5 mois. L'aînée va à l'école. Ce lieu est une véritable aubaine pour moi. [...] En été, on va au parc, mais en hiver, c'est un espace plein de vie où les enfants sont accueillis, mais aussi les parents, les grands-parents, les oncles, les tantes, même les nounous viennent avec les enfants. [...] On y rencontre beaucoup de bébés portés et les bébés facilitent les contacts entre les mamans. Il y a aussi des papas, un peu plus que dans les squares. Les enfants peuvent faire des activités d'arts plastiques ou d'éveil musical qui sont difficiles à mettre en place à la maison. Mon fils de deux ans est en train de peindre une vache à l'étage depuis une demi-heure, tandis que je suis en bas. Il sait où il peut me trouver, et c'est un bon moment pour nous deux. J'espère qu'il y aura de plus en plus de lieux de ce type. À Paris, en hiver, on se retrouve vite à rester seule à la maison avec ses enfants, et c'est dommage. C'est appréciable de pouvoir retrouver une "vie de village" réinventée dans un lieu comme celui ci. »

Claire, maman de trois enfants

Mélangeons les générations

Il ne faudrait pas se voiler la face et considérer que l'organisation actuelle de la vie des générations est satisfaisante : les petits séparés des grands, les aînés d'un côté, les jeunes de l'autre, chaque génération restant entre soi, centrée sur ses propres besoins, à se plaindre des autres générations.

Que sert-il au bébé d'utiliser ses réflexes pour s'accrocher à son parent et prendre autant goût à la vie si ce parent n'est pas bien accueilli en tant que tel au cœur d'une société plurielle ? Où peuvent aller les mères de petits bébés pendant leur congé de maternité, une fois qu'elles ont appris à le porter et gagné en mobilité et en autonomie ? Les parents qui font le choix d'être au foyer ont-ils accès à des activités où ils pourront prendre du bon temps et leur bébé s'épanouir et être respecté dans ses besoins ? Ne passons pas à côté d'une richesse qui ne coûte rien. Intégrons davantage les jeunes parents qu'en développant uniquement des services de garde et de baby-sitting. Mélangeons les générations.

Des générations qui évoluent sans se rencontrer ont tant à recevoir l'une de l'autre ! Il est loin le temps où trois, voire quatre générations cohabitaient sous le même toit! Pour que les générations se rencontrent, Assembl'âges[124] propose des activités en maison de repos ouvertes à de tout jeunes enfants et à des bébés, leurs accompagnants et des personnes du 4e âge (80 ans et plus)[125], encadrés d'animateurs professionnels. Chacun peut se sentir reconnu par l'autre avec ses particularités physiques et culturelles et ouvrir les yeux sur la réalité de la fin de la vie. Cela permet un questionnement intérieur, des échanges, des dialogues. Les mamans rencontrent des femmes qui ont été mères avant elles.

La vieillesse est une étape de la vie en soi. Se couper des plus âgés, comme des tout-petits, c'est perdre beaucoup de plaisir en termes de vie sociale. La personne âgée vient aux activités sur une base volontaire. Les échanges s'installent en douceur, selon la demande de chacun. Avant 6 ans, les enfants vont spontanément vers les personnes âgées. Entre ces générations extrêmes, les contacts sont très faciles. Les petits grandissent avec une image plus positive des personnes âgées que leurs parents. Face à un enfant handicapé moteur, une personne âgée voit avant tout un enfant et non pas son handicap. L'enfant est comblé d'attentions et de remarques positives: « Comme il est beau! » – « Comme il est éveillé! » Cela met les parents en confiance.

Au début comme à la fin de l'existence, le toucher est le premier sens

La personne âgée touche spontanément un enfant quand elle n'entend plus bien, quand elle ne voit plus loin. Le toucher est un très bon média. Comme les enfants prennent leurs jouets et les mettent en bouche, les personnes âgées aussi aiment toucher les jeux des petits (en bois et en tissu) dans une recherche de sensations. Les bénéfices sont semblables pour les deux: leurs sens sont stimulés. Chacun est un peu dans sa bulle et chacun communique un peu. À son rythme.

> *« L'enfant n'a pas encore les mots, mais déjà tellement de choses à exprimer et à percevoir! Le contact par la peau entre l'enfant et l'adulte, qu'il y ait ou non entre eux un lien de parenté, est certainement l'un des éléments les plus précoces et les plus riches permettant à l'enfant*

d'entrer en contact en profondeur, avec ceux qui l'entourent. Toucher l'enfant, se laisser toucher par lui, autant de choses indispensables. Le toucher, mode de relation négligé dans notre société, doit retrouver la place fort importante qui lui revient de "droit humain". »

Jean Epstein[126]

La communication tactile est un besoin, quel que soit notre âge. L'enfant est capable de nous dire lorsqu'il en reçoit trop ou trop peu. Il n'y a donc aucune crainte d'overdose à avoir, tant que l'on est attentif aux signaux de l'enfant. Être là est plus important que toute action. Tout passe par le corps. En portant votre enfant, vous lui proposez votre façon d'être au monde. Il la reçoit, il la ressent ; il s'en imprègne. La proximité avec lui peut contribuer à apaiser vos tensions (raisonnablement...). Quant à lui, il vous montre sa façon d'être dans l'instant. Il vous recentre, ici et maintenant.

Une étude nous interpelle...

En massage, les bénéfices au niveau détente sont plus importants chez le masseur que chez la personne qui est massée.

« Nos instituts de recherche sur le toucher ont récemment mené une étude sur les personnes âgées, les thérapeutes étant cette fois des nourrissons. [...] Nous avons comparé des "grands-parents" volontaires pour masser des bébés et des "grands-parents" volontaires pour recevoir un massage ; les deux groupes rapportaient des effets positifs, notamment des modifications du style de vie telles qu'avoir davantage de contacts sociaux, boire

moins de café et aller moins souvent chez le médecin. De même, les deux groupes dormaient mieux, étaient moins déprimés et avaient une meilleure image de soi. Mais de façon surprenante, les effets étaient plus puissants lorsque les volontaires administraient le massage que lorsqu'ils en bénéficiaient. »[127]

Nous avons bien besoin d'études randomisées contrôlées portant sur les effets du portage, non seulement sur les enfants, mais aussi sur leurs parents et autres porteurs. Car si le contact occasionné par le massage implique une diminution du stress chez la personne qui donne ou qui reçoit le massage, qu'en est-il des partenaires qui interagissent dans un portage étroit ? Le toucher et les mouvements qui entrent en jeu dans le portage mériteraient que l'on se penche davantage sur eux.

Tiffany Field, psychologue, dirige le Touch Research Institute (TRI) à la Faculté de médecine de l'Université de Miami (États-Unis). Cet Institut de Recherche sur le Toucher a été créé en 1992. C'est actuellement le seul centre de recherche mondial dévoué exclusivement à l'étude du toucher ainsi qu'à ses applications scientifiques et médicales. Sous la direction du Dr Tiffany Field, une équipe de chercheurs s'efforce de mieux définir comment le toucher procure la santé et contribue au traitement des maladies. Les travaux de recherche entamés en 1982 et poursuivis aux États-Unis, ainsi qu'au sein d'unités de recherche implantées aux Philippines et à Paris, ont démontré que les thérapies du toucher ont plusieurs effets bénéfiques sur la santé humaine. « *Les 2 m^2 de peau qui nous séparent du monde, couverts par 5 millions de récepteurs sensoriels, communiquent directement avec le cerveau. Lorsque les mains du masseur pétrissent, pressent et malaxent, les cellules en question s'empressent de relayer l'information jusqu'à la moelle épinière. Après un chemin complexe, elle atterrit à l'hypothalamus, grand responsable de la sécrétion d'une foule d'hormones et de neurotransmetteurs du plaisir. L'ocytocine serait l'hormone responsable de l'effet antistress des massages, mais elle est suivie de près par d'autres sécrétions à la fois apaisantes et stimulantes. Au passage, même notre "Quartier Général" des émotions est touché, ce qui explique les bienfaits des thérapies physiques lorsqu'on déprime ou que certaines émotions extrêmement violentes sont comme "incrustées" au plus profond de notre être.* »[128]

(Études réalisées par le TRI – http://www.miami.edu/touch-research ; résultats d'études sur le massage en français : http://www.gensmassage.qc.ca/etudes/etudetext.html)

VII

Apprendre à porter son enfant

Pas à pas

Nous avons grandi dans une culture qui ne reconnaît pas forcément les besoins de base des tout-petits. Lorsque nous étions enfants, on nous a "réglés" sur des horaires pour manger, dormir. On nous a souvent isolés "pour notre bien" ; on nous a peu portés et on n'a pas toujours accompagné nos pleurs…

Démarrer le portage en ayant grandi dans une culture à tendance occidentale, c'est un peu comme déménager sur une autre planète. C'est faire une démarche qui nous démarque, pour beaucoup, de nos traditions familiales. Ce changement pourra être accueilli de diverses manières par l'entourage. Il est important de pouvoir s'autoriser à faire autrement que des personnes qui sont pour nous une référence à d'autres égards. Souvent, la démarche entreprise pourra être envisagée comme un prolongement de ce qui a été initié par eux, qui ont eux aussi adouci les conditions d'accueil du tout-petit au sein de la famille.

Alors, allons-y en douceur… avec nous-mêmes, avec les générations précédentes et surtout avec celles qui arrivent. Décider avec sa tête de porter son enfant peut mener dans une impasse. Il convient de respecter son rythme, qui peut être très différent d'une personne à l'autre. Ne faisons pas de quelques gestes simples une soi-disant philosophie où nous ne nous autoriserions pas d'erreur.

Parents sous surveillance

Les parents d'aujourd'hui sont suffisamment surveillés dans leurs moindres faits et gestes, critiqués (portage ou pas, allaitement ou pas, tout y passe), alors qu'ils ont un énorme besoin de tendresse dans leur cheminement avec leurs tout-petits. Là où une vraie tradition de portage se transmet, on est soi-même porté des centaines de fois lorsqu'on est petit enfant ; on porte des bébés des centaines de fois lorsqu'on est enfant et adolescent et lorsqu'on devient parent, installer son enfant tout contre soi va tout simplement de soi.

Alors, faisons nos essais à des moments où ni bébé ni nous-mêmes n'avons de besoins urgents à satisfaire, en présence d'une personne qui nous apporte son soutien (éviter celle de personnes qui ont peur du portage car elles risquent de nous communiquer leur angoisse). Un lieu confortable, un canapé, un fauteuil, un lit, la proximité d'un grand miroir peuvent aussi nous aider. Une maman m'a bien fait rire un jour en m'expliquant qu'elle s'aidait d'un miroir de poudrier en guise de rétroviseur les premiers temps où elle s'essayait au portage sur le dos avec sa fille. Pourquoi pas ? Cela lui a permis de surmonter ses craintes et d'aller de l'avant !

Prendre le temps d'apprendre

Autorisons-nous un temps d'apprentissage. Se fixer des objectifs trop perfectionnistes n'aide pas, bien au contraire. Le portage vient parfois de la tête, mais aussi du cœur et du corps. Il rassemble des parties de nous que nous n'entendons pas toujours de concert. Il peut nous permettre de renouer avec nous-mêmes et nous affranchir, au passage, d'une difficulté au niveau psychomoteur ou de certains types de maux de dos.

Si vous voulez tenter l'aventure du portage, cherchez une personne expérimentée qui saura vous accompagner en douceur et s'abstiendra d'installer le porte-bébé à votre place ; qui vous proposera des gestes précis à imiter, quelques postures que vous n'aurez pas à réinventer, seul, devant les croquis d'un mode d'emploi. Car le néocortex doit absolument renoncer à jouer ici le premier rôle ; il doit laisser les corps dialoguer dans leur propre langue et cesser de vouloir tout traduire en mots, en concepts, en "avantages" rationnels.

J'aimerais que les "cadeaux" que nous fait le portage ne soient pas mis en exergue dans le but de convaincre des parents de porter leur enfant. En fonction de leur histoire, certaines personnes ne sont pas prêtes. Les presser ne sert à rien, au contraire. Laissons-leur le temps de découvrir le portage au détour d'une rue, d'un couloir d'hôpital ou encore d'une plage… en douceur !

Parler de portage, c'est bien ; le faire, c'est mieux !

Par la démonstration verbale, on ne transmet pas la connaissance des gestes. On peut l'acquérir lorsqu'on y est prêt et qu'on dispose de l'information concrète. L'apprentissage du portage s'ancre dans un mode de transmission archaïque qui nous dégage de la dictature de la nouveauté. Le portage et sa transmission par imitation s'inscrivent dans le corps et, par là, dans la durée. Le portage nous réconcilie avec nous-mêmes, avec notre professeur : bébé ! Chaque parent est un expert pour son bébé. La personne qui transmet le portage devrait juste veiller à procurer des modèles clairs à imiter et les encouragements nécessaires. Tant de personnes ont en elles le désir de porter leur enfant…

Proposons aux nouveaux parents en guise de cadeau de naissance des cours de portage, de massage, plutôt que de trop nombreux ustensiles de puériculture, peluches et jouets en plastique. Il s'agit ici de choisir comment on va s'investir affectivement par cette relation à l'enfant. Une huile végétale non parfumée pour les premiers massages favorisera un contact intime, qui passe par la connaissance de l'odeur de l'autre, puissant signal s'il en est pour la mère et l'enfant qui se découvrent. Des vêtements permettant de se mouvoir aisément, de recevoir des caresses et de se sentir bien l'un contre l'autre. Pour que les parents sachent au plus profond d'eux-mêmes qu'ils sont de bons parents et que leur enfant puisse se laisser aller dans la détente dans les mains et tout contre des personnes sereines qui lui font face. Et que petits et grands soient à l'écoute de leurs sensations l'un de l'autre.

Participer à un cours de portage

Lors de séances d'information sur le portage, le fait de voir des futurs parents se mettre à "jouer" au papa et à la maman avec des porte-bébés du monde m'émeut beaucoup. J'aime les voir essayer avec leur bébé ou avec une poupée, comme s'ils étaient ailleurs, sur un autre continent. J'ai le sentiment qu'ils se lâchent.

L'apprentissage est-il plus efficace lorsque les participants se détendent de cette façon ? Ce serait à étudier. C'est important pour nous de proposer ce moment de détente aux parents alors que la grossesse est de plus en plus suivie de près, d'une façon souvent très technique.

Les parents d'enfants adoptifs, prématurés ou "différents", comme on dit joliment au Québec pour désigner les enfants handicapés, ont souvent derrière ou devant eux un parcours difficile à bien des égards. Nous leur proposons de souffler et de tenter ensemble des choses qui ne servent peut-être à rien, sinon au plaisir. Un peu d'histoire et de géographie, un peu de voyage, beaucoup de jeu surtout !

Il est clair qu'il ne faut pas nécessairement quatre ou cinq mètres d'écharpe pour porter un enfant. Presque partout sur la terre, on porte les bébés avec un attirail plus simple. Mais s'entourer de quatre à cinq mètres d'écharpe, cela nous emballe, cela nous rassure et nous permet de démarrer rapidement cette expérience de portage avec notre enfant. C'est une possibilité parmi d'autres. On poursuit les exercices, après avoir – peut-être – déposé certaines craintes en chemin : peur de laisser tomber notre bébé, peur de mal l'installer, de lui faire mal, de l'étouffer.

Remerciements

Je tiens à remercier chaleureusement Liliane Schaner, présidente d'Infor-Allaitement, qui m'envoya en 1996 à un congrès sur l'allaitement en Allemagne, congrès où je vis pour la première fois des écharpes porte-bébé. Mon papa, qui m'a permis, en 1997, d'acquérir une écharpe porte-bébé en vue de la naissance de mon quatrième enfant. Ce fut mon seul achat pour cette naissance. Il allait changer ma vie. Christiane Henry, kinésithérapeute qui, la première, me demanda de mettre en place des ateliers sur le portage dans son cabinet. Sandrine Fraikin et Patricia Dohet, Bernadette Lambert et Corinne Alexandre, qui permirent la création de l'association belge Peau à Peau à la fin de l'année 2000, et Dikrane Ghazarian, pour son aide à la création du site internet de l'association. Richard Manfroy, de la Ligue des Familles régionale de Liège, qui nous offrit écoute et accueil, ainsi que des locaux dans lesquels nous avons pu laisser libre cours à notre imagination.

Blandine Bril et Valentine Diguet, qui m'ont permis de connaître un petit bout d'Afrique et de ses pratiques de portage. Evelin Kirkilionis, Waltraud Stening, Petra Wilhelm et Willi Maurer, dont l'engagement pour le portage est une grande source d'inspiration. Arlette Schlegel-Liebert, conceptrice du Tonga® et anthropologue, qui m'a permis, peu à peu, de saisir toute la valeur du portage sur la hanche. Catherine Krémer, auteure et initiatrice du réseau Parents Ressources, pour ses formations, qui m'ont permis, en quelque sorte, d'apprendre enfin à écouter et à parler avec autrui et qui a fait germer ce projet de livre chez Jacques Maire.

Claude Didierjean-Jouveau et Jeannette Toulemonde, pour leur passion à faire connaître et aimer des pratiques de parentage respectueuses. Julie-Axelle Krauth, pour son partage d'expérience de maman et de psychomotricienne. Marlène Wietrzykowski, pour sa contribution de mère et d'orthophoniste, Guillaume Guérid et Stéphan, pour leur témoignage de papas porteurs, Murielle, pour son témoignage de maman et d'animatrice en portage, Apolline, maman porteuse dans sa boutique. Nathanaëlle Bouhier-Charles et Sandrine Monrocher-Zaffarano. Édith Thoueille, Olivia Sadrin et Martine, pour leur engagement auprès des parents aveugles. Bouchera et Yannis. Geneviève Gilson, qui, la première, nous a proposé une collaboration dans le cadre de l'accompagnement de parents sur le chemin de l'adoption. Toutes les personnes qui sont citées dans ce livre et toutes celles qui l'ont nourri et qui n'y sont pas citées.

L'association Sparadrap et l'association Mères Kangourou. Brigitte Dohmen, Anne Bednarek, l'équipe de la Crèche À Petits Pas, Caroline, Emmanuelle et Djamila, ainsi que la joyeuse équipe qui a fondé Peau à Peau Nord, à savoir Patricia Duvaux, Laetitia Santoni et Sara Leite, pour tout le suivi assuré au cours du projet. Les bébés Éliette, Mahaut, Émeric (et sa maman, Clotilde). Michel Odent, pour ses textes, ses conférences et ses formations, qui constituent un soutien pour ceux et celles qui cherchent à laisser naître les bébés comme ils l'entendent. L'association liégeoise Viyenpi – Identité Amérique Indienne – qui a rapporté des porte-bébés Ashaninka et Awayos du Pérou en décembre 2004 pour la collection de l'association Peau à Peau. JoAnn Lewis-Mélin, pour ses massages, et Françoise Lefèbvre, formatrices IAIM, pour leur grande expérience, leur connaissance du toucher et la confiance qu'elles m'ont témoignée.

Merci aux personnes de tous horizons, qui accompagnent les personnes qui souhaitent s'initier au portage des bébés et des petits enfants dans le respect des corps et des cœurs. Merci aux voyageurs, photographes, dessinateurs, concepteurs de porte-bébés respectueux, fabricants et vendeurs conscients de la nécessité d'accompagner les parents dans leur découverte du portage. Merci aux spécialistes de tout poil, aux associations et aux institutions qui jettent des ponts entre deux rives afin de permettre d'avancer vers une meilleure adaptation de notre monde aux tout-petits, qui ont tant à nous apporter. Merci à Guillemette Baffert, de l'association Un Bébé au Naturel, pour le dialogue qu'elle a initié entre les associations francophones qui enseignent le portage.

Merci à toutes les animatrices et aux animateurs Peau à Peau et leurs mini-animateurs, dont la pratique a donné matière à l'écriture de ce texte. Merci à Ombeline, Aline et tous les bébés. Ils ont tant à nous enseigner !

Un merci tout spécial à celles qui ont offert de leur temps pour relire ce texte, animatrices de tous réseaux, à Liliane Schaner, d'Infor-Allaitement et d'autres encore qui m'ont prêté main-forte en relisant ce texte et en me faisant part de leur relecture, particulièrement Emmanuelle Blin, Magali

Buisson, Isabelle Barbier de Reuil, Sylviane Conzen, Nathalie Sternalski, Juliette Kuby et Rachel Cavaillé.

À Corinne Alexandre, qui m'a aidée à structurer ce texte et qui a bien voulu se lancer dans la réalisation de ces illustrations qui éclairent les mots, des mots bien limités par rapport à ce que des images et des rencontres en chair et en os permettent de communiquer au sujet du thème du portage des bébés.

À Clémentine Bernard, qui m'a soutenue et qui, en philologue attentive, a relu chaque épreuve de ce texte avec une grande minutie, tandis que chez elle, comme chez moi, des petits bouts couraient autour de maman-qui-travaille-à-l'ordinateur.

À Sandrine Fraikin, docteur ès résilience, qui m'apprend tant de choses depuis que nous nous sommes rencontrées.

Merci à ces amies dont l'expérience de mère a nourri ce livre.

À mon homme qui, lorsque je l'ai rencontré, avait pour ambition de devenir un papa. Qui m'écoute, non sans appréhension, chaque fois que j'ai une idée. Qui nourrit notre famille, s'occupe magnifiquement bien de nos enfants et me soutient dans mes projets.

À nos enfants, que j'ai portés, que je porte, qui se portent et qui me portent chaque jour.

Annexes

Glossaire visuel du portage

La position kangourou

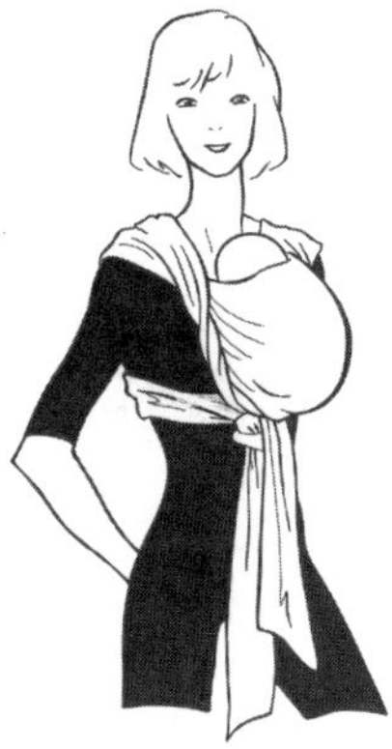

Volte fermée (cf. page 17)
La position kangourou sur le ventre dans l'écharpe, avec une volte fermée sur chaque épaule, regroupe particulièrement bien le corps du tout jeune enfant.

Volte ouverte (cf. page 53)
Maman et bébé ensemble, chacun centré sur ses occupations. Tantôt bébé s'accroche aux vêtements du porteur, tantôt il ouvre les doigts "en ventouse" tout contre lui. Les bras du bébé appuyés sur le buste du porteur de part et d'autre de la tête de bébé peuvent l'aider à tenir sa tête.

La position de la madone et ses variantes

(cf. page 75)
La volte ouverte est bien adaptée au portage en position couchée, la tête du côté opposé à la volte : les poids s'équilibrent.

(cf. page 60)
Position pratique pour téter ; ventre contre ventre. Pour le biberon, bébé sera en appui sur son dos.

(cf. page 24)
Position assise latérale redressée, possible dès la naissance. La tête est placée du côté de l'épaule sur laquelle passe l'écharpe.
Au choix, bébé regarde le porteur, le monde ou dort paisiblement.
Cette position permet de donner le biberon.

(cf. page 75)
Bébé endormi lové dans le creux du dos
À partir de la 1re position en haut de cette page (tête placée du côté opposé à l'épaule sur laquelle passe l'écharpe), on peut passer bébé endormi sous le bras côté tête vers le creux du dos.

À califourchon sur la hanche

(cf. page 49)
Volte ouverte pour un portage à califourchon sur la hanche (et nœud plat dans le dos). Le nœud peut aussi être positionné devant l'épaule, au même endroit que la boucle du hamac.

(cf. page 71)
Accroché au-dessus de la hanche du porteur, bébé s'équilibre et jouit d'une étonnante mobilité par
rapport au corps du porteur, en raison de l'ancrage sécurisant dont il bénéficie, fruit de la collaboration active porteur-porté.

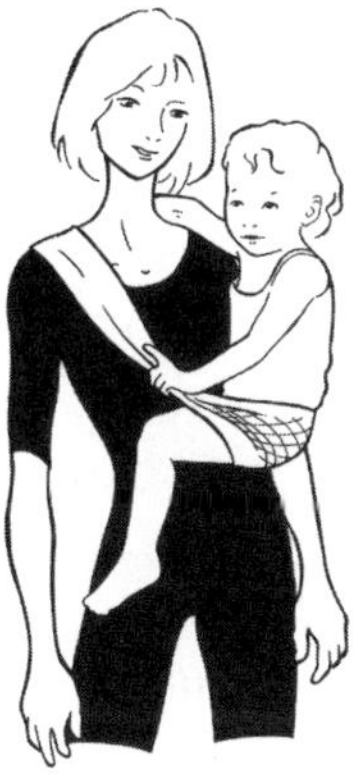

(cf. page 70)
Fruit de l'ingéniosité d'une anthropologue française, le Tonga®, est ici représenté dans sa version non réglable.
Il existe en version réglable : une boucle carrée que l'on place devant l'épaule du porteur permet de rétrécir la sangle qui passe sur son épaule. À chaque demi-tour de la boucle, la sangle est un peu enroulée ou déroulée.

Le croisé simple

Cette façon de nouer l'écharpe permet de réaliser une foule de positions de portage, avec une grande facilité d'installation.

(cf. page 92)
Position croisée simple dans l'écharpe, bébé cuisses écartées et relevées.

(cf. page 82)
Le croisé simple allie tradition et modernité : il superpose deux hamacs simples, en forme de croix, réalisés avec une seule écharpe. Bébé prend place sur la croix ainsi créée.

(cf. page 81)
On déploie largement l'écharpe en tenant les ourlet en main. On déploie le pan le plus proche du corps de l'enfant, puis le pan extérieur.

(cf. page 83)
Dans la position Bouddha, le siège de bébé est totalement soutenu par l'écharpe déployée deux fois. Il est en équilibre sur sa base, légèrement incliné vers l'arrière. Son dos est lové contre le sternum du porteur. Ses pieds, quant à eux, sont relevés devant sa poitrine.

Portage au dos

(cf. page 15 et 67)
Le pagne permet un portage bas. L'enfant prend appui sur les hanches de la porteuse. Le haut du pagne prend appui sur la naissance des seins. À user avec précaution si l'on est sujette aux engorgements.

(cf. page 87)
Les porte-bébés asiatiques de ce type (ici Laos) permettent un portage en hauteur. Le portage en écharpe sur le dos permet de reproduire à peu près cette installation. Il est possible de porter l'enfant à la hauteur de son choix, y compris avec la tête dépassant au-dessus de l'épaule du porteur.

(cf. page 69)
Dans l'awayo, on réalise un portage très haut dans le dos. La position du kangourou sur le dos représente une combinaison des techniques asiatiques et awayo.

Le double croisé sur le dos est une combinaison d'un bandeau horizontal tel que le pagne et d'un croisé autour de l'enfant. C'est un portage assez bas.

Pour contacter l'auteur :

Ingrid van den Peereboom
ingrid.vdp@swing.be
http://lamysterieuseenviedetremere.blogspot.com/

Pour contacter la dessinatrice :

Corinne Alexandre
corinnealexandre@peau-a-peau.be

Bibliographie

Des livres et des articles...

Bauer I., *Sans couches, c'est la liberté! À la redécouverte de l'hygiène naturelle du bébé,* Éditions l'Instant Présent, 2006.

Bauer I., *Diaper Free! – The Gentle Wisdom of Natural Infant Hygiene,* Saltspring Island, BC, Natural Wisdom Press, 2000.

Bergman Nils,"Le contact peau à peau", *Les Dossiers de l'Allaitement,* HS, numéro spécial 6e Journée Internationale de l'Allaitement, pp. 10-17.

Bernhard H. et D., *A Ride on Mother's Back,* Gulliver Books, Harcourt Brace & Company, 1996.

Blaffer Hardy S., *Les instincts maternels, Paris,* Payot, 2002.

Blom R., *Inbakeren brengt rust- Een handleiding voor het inbakeren van je kind,* Weleda Nederland NV, 1998.

Boucke L., *Infant Potty Basics, With or Without Diapers, the Natural Way,* Lafayette, Colorado, White Boucke Publishing, 2003.

Boucke L., *Infant Potty Training, A Gentle and Primeval Method Adapted to Modern Living,* Lafayette, Colorado, White Boucke Publishing, 2002.

Bouhier-Charles N., "Les 8 fondements de l'attachment parenting", Ressources Parents, Irrégulomadaire de l'association La Maison de l'Enfant, N° 2, été 2005 p. 7-13.

Bowlby J., *Attachement et perte,* PUF, 1978.

Brazelton T. Berry, Greenspan Stanley I., "Point forts à neuf mois", extrait de *Ce qu'un enfant doit avoir,* Éditions Stock, 2001, p. 276.

Bril Bl., "Culture et premières acquisitions motrices: enfants d'Europe, d'Asie, d'Afrique", *Journal de pédiatrie et de puériculture,* 1997, n° 5, p. 302-314.
Bril Bl., "Rôle de la 'niche de développement' sur les expériences précoces de l'enfant – Une étude comparative: France-Mali", *Revue de Médecine Psychosomatique,* 37/38, 1994, p. 127-148.
Buyse Y., *L'éveil de l'enfant. Tendresse, sécurité et stimulation par le massage, le portage et la motricité,* Outremont (Québec), Les Éditions Logiques, 2002.
Charpak N., De Calume Z., Hamel A., L*a méthode kangourou. Comment les mères des enfants prématurés se substituent aux couveuses,* Paris, ESF, 1996.
Charpak N., *Bébés kangourous – Materner autrement,* Paris, Odile Jacob, 2005.
Mc Clure V., *Le massage des bébés, Bien-être et harmonie dans la relation parents-enfants,* Paris, Sand, 2004.
Corman A., Raulier H., de Frahan M., "De la naissance à la marche. Le développement psychomoteur de l'enfant tel que représenté dans les formations pour les psychomotriciens et le personnel de la petite enfance", asbl Étoile d'herbe, Bruxelles, 2004.
Delaisi De Parseval G., Lallemand S., *L'art d'accommoder des bébés,* Paris, Seuil, 1998.
Diderot D., "Lettre sur les aveugles à l'usage de ceux qui voient", extrait des *Œuvres de Denis Diderot,* Bibliothèque de la Pléiade, Éditions Gallimard, 1951.
Didierjean-Jouveau Cl.-S., *Pour une parentalité sans violence,* Genève, Éditions Jouvence, 2002
Didierjean-Jouveau Cl.-S., *Porter bébé. Avantages et bienfaits,* Genève, Éditions Jouvence, 2006.
Dumonteil-Krémer C., *Élever son enfant… autrement – Ressources pour une éducation alternative* (préface du Dr Michel Odent), Paris, La Plage, 2003.
Dumonteil-Krémer C., *Poser des limites à son enfant et le respecter,* Genève, Éditions Jouvence, 2005.
Epstein J., Radiguet Chloé, *L'explorateur nu, Plaisir du jeu, Découverte du monde,* Éditions universitaires, 1982.
Fettweis E., Dr., *Hüftdysplasie: Sinnvolle Hilfen für Babyhüften,* Stuttgart, Trias 2004.
Field T., *Les bienfaits du toucher,* Paris, Payot, 2003.
Fontanel B., D'Harcourt Cl., *Bébés du monde,* Paris, La Martinière, 1998.

De Gasquet B., *Bien-être et maternité,* Paris, Implexe, 1997 (1e éd.), 2002 (6e éd.).
Hannaford C., *Smart Moves: Why Learning Is Not All in Your Head,* Great Ocean Publishers, Arlington, Virginia, 1995.
Hassenstein B., Kirkilionis E.: "Der menschliche Säugling, Nesthocker oder Tragling?" *Wissenschaft und Fortschritt,* 42/1992.
Hedberg Nyqvist K., "Allaiter l'enfant prématuré ou malade", *Les Dossiers de l'Allaitement,* HS, numéro spécial 6e Journée Internationale de l'Allaitement, pp. 2-9.
Herbinet E., Busnel M.-Cl., *L'aube des sens* (ouvr. coll.), Paris, Stock, 1981.
Hilsberg R., *Körpergefühl – Die Wurzeln der Kommunikation zwischen Eltern und Kind,* rororo, 1997.
Van Hout I. C., *Lieve lasten, Hoe kinderen gedragen worden,* Amsterdam, Tropenmuseum-Koninklijk Instituut voor de Tropen, 1993.
Hunziker U. A., Barr Ronald G., "Increased Carrying Reduces Infant Crying: A Randomized Controlled Trial", *Pediatrics,* Vol. 77, p. 641-648, n° 5, May 1986.
Kenner, C. McGrath JM (Eds), *Developmental Care of Newborns and Infants, A Guide for Health Professionals,* St. Louis, MO. Mosby, Inc. 2004.
Kirkilionis E., *Ein Baby will getragen sein – Alles über geeignete Tragehilfen und die Vorteile des Tragens,* Kösel, 1999.
Klaus M, Klaus Ph., *La magie du nouveau-né,* Paris, Albin Michel, 2000.
Leboyer Fr., *Shantala – un art traditionnel: le massage des enfants,* Paris, Seuil, 1976.
Levitte A., Rouard M., *100 objets quotidiens made in France,* Éditions APCI/Syros (Alternative, livre publié à la demande et avec le concours du Ministère de la Culture et de la Communication, Délégation aux Arts Plastiques. 1987).
Liedloff J., *Le concept du continuum. À la recherche du bonheur perdu,* Éditions Ambre, 2005.
Manns A., Schräder A.-Ch., "Ins Leben tragen - Entwicklung und Wirkung des Tragens von Kleinstkindern unter sozialmedizinischen und psychosozialen Aspekten", VWB, dans *Beiträge zur Ethnomedizin,* Band 1, Berlin, 1995.
Maurel O., *La fessée – 100 questions-réponses sur les châtiments corporels,* Préface d'Alice Miller, Éditions La Plage, 2004.
Maurer W., *Mère et bébé l'un contre l'autre,* Barret-sur-Méouge, Le Souffle d'Or, 2004.

Mauss M., "Les techniques du corps", *Journal de Psychologie,* 1935, 271-293 (conférence présentée à la Société de Psychologie le 17 mai 1934).

Monrocher-Zaffarano S., *L'hygiène naturelle de l'enfant – La vie sans couches,* Genève, Éditions Jouvence, 2005.

Montagu A., *La peau et le toucher, un premier langage,* Paris, Seuil, 1971.

Odent M., *L'amour scientifié. Les mécanismes de l'amour,* Genève, Éditions Jouvence, 1999.

Odent M., *Le fermier et l'accoucheur : l'industrialisation de l'agriculture et de l'accouchement,* Paris, Médicis, 2004.

Prescott J. W., "Délinquance imputable aux expériences de l'enfance", dans *Audition devant le Comité Sénatorial permanent de la santé, du bien-être et des sciences,* Sénat du Canada, 3e session de la 30e législature, 1977-1978.

Prescott J. W., "Le plaisir du corps et l'origine de la violence", *The Bulletin of The Atomic Scientists,* nov. 1975, 10-20 (www.violence.de/prescott/bulletin/article-f.html)

Relier J.-P., *Adrien ou la colère des bébés,* Paris, Robert Laffont, Paris, 2002.

Relier J.-P., *L'aimer avant qu'il naisse – Le lien mère-enfant avant la naissance,* Paris, Robert Laffont, 1993.

Rollet C., Morel M.-Fr., *Des bébés et des hommes – Traditions et modernité des soins aux tout-petits,* Paris, Albin Michel, 2000.

Roques N., *Allaitement maternel et proximité mère-bébé, Mille et un bébés,* Éditions Erès, 2003.

Sears W, M., Babywearing : *The Art and Science of Carrying Your Baby, The Baby Book : everything you need to know about your baby from birth to age two,* Little, Brown and Company, 1st edition, 1993, pp. 262-292.

Siegrist D., "Oser être mère : maternité et handicap moteur", Assistance Publique-Hôpitaux de Paris, 2003.

Small M. F., *Our Babies, Ourselves – How Biology and Culture Shape the Way We Parent,* Anchor Books, 1999.

Small M. F., *Kids - How Biology and Culture Shape the Way We Raise Young Children,* Anchor Books, 2002.

Stening W., Nitsch P., Wassmer G., and Roth B., "Cardiorespiratory Stability of Premature and Term Infants Carried in Infant Slings", *Pediatrics,* Vol. 110, N° 5, Nov. 2002, pp. 879-883.

Stork H., *Introduction à la psychologie anthropologique,* Paris, Armand Colin/HER, 1999.

Stork H., *Enfances indiennes. Étude de psychologie transculturelle et comparée du jeune enfant,* Paris, Païdos/Bayard Éditions, 1986.
Toulemonde E.J., *Place à l'enfant,* Éditions Encre, 1985, réédité sous le titre *Le quotidien avec mon enfant – Un environnement adapté aux jeunes enfants,* Éditions de l'Instant Présent, 2005.
Vauclair J., *Développement du jeune enfant. Motricité, perception, cognition,* Paris, Belin, 2004.
Wieland J. et al., *Menschenkinder – Drei Lebensläufe, drei Welten : Geschichten von unserer Zukunft auf dem Planeten Erde,* Hamburg, Geo, 2000.
Wilhelm P., "Votre écharpe porte-bébé", Mode d'emploi de la Storchenwiege.

Des ressources audio-visuelles…

Bril Bl., "Bain et gymnastique néonatale, Enfants bambara au Mali" (24 min.), disponible en VHS et DVD auprès du Grac.
David M., "La vie à fleur de peau", 55 min, 2004. Une comparaison de l'expérience de deux couples ayant eu un bébé prématuré, l'un à Bogota, bénéficiant du portage kangourou, l'autre à Marseille.
Milton B., "Alison's baby", Co-production TV2-Denmark, HBO USA and Channel 4 UK. 50 min., 2001. Le portrait étonnant d'une jeune artiste, polyhandicapée, née sans bras, confrontée à la question de la maternité. Comment s'en sortir seule avec un petit bébé ? Ce bébé sera-t-il handicapé, lui aussi ?
Nobecourt E., "Bébés du monde", documentaire, la Compagnie des phares et balises, 52 min, 2000. Une version animée de magnifiques images de portage aux quatre coins de la planète.
Riascos Cl. M., "La méthode kangourou", produit par l'association Mères kangourous et la fondation Canguro, 25 min, 1997. Disponible auprès de l'association Sparadrap (cf. adresses utiles).
Mexico, "Le portage des bébés", Lichaamstaal Video, 11 mn, 1995, disponible en version française
www.stichtinglichaamstaal.nl

L'ASSOCIATION PEAU À PEAU

Peau à Peau est le fruit de la rencontre de jeunes pères et mères, d'étudiants, de professionnels qui ont en commun l'envie de partager des savoir-faire, traditionnels ou non, d'ici et d'ailleurs, respectueux de l'enfant et de ses parents et qui leur ont permis de faciliter leur vie quotidienne, que ce soit en famille, au travail, à l'hôpital, à la crèche…

L'association est née en Belgique fin 2000 pour promouvoir le portage des bébés, le corps à corps avec un enfant, le parentage de proximité, l'allaitement… Plusieurs associations Peau à Peau ont vu le jour en France. Le réseau est géré au quotidien par des permanents et des dizaines de bénévoles qui travaillent, la plupart du temps, en compagnie de leurs jeunes enfants. Les animations sont co-animées par des bénévoles formés par l'association. Elles accueillent des étudiants stagiaires psychomotriciens, éducateurs, etc., ainsi que des étudiants qui préparent leur mémoire de fin d'étude. Le réseau organise, à la demande, des séances d'information pour étudiant(e)s sages-femmes, puéricultrices et infirmières pédiatriques/puéricultrices, puéricultrices/auxiliaires de puériculture, et des formations.

Chaque association Peau à Peau propose des séances d'information sur le portage de 0 à 3 ans, avec des porte-bébés du monde et des modèles actuels respectueux des corps, mêlant parents débutants, parents expérimentés et futurs parents. Participation à volonté sur inscription ; cotisation en fonction de la situation de famille, à régler lors de la première participation. Location d'écharpes porte-bébé pour prématurés.

En Belgique : association sans but lucratif Peau à Peau
Animations de septembre à juin – et en été suivant les régions et les possibilités - en Province de Liège, de Namur, de Luxembourg, de Hainaut, dans le Brabant Wallon et à Bruxelles.
www.peau-a-peau.be

Adresses utiles

Réseau Peau à Peau

ASBL Peau à Peau
rue de Porto, 51
B-4020 Liège
info@peau-a-peau.be
+32 (0)43 40 06 15

Peau à Peau Nord
4 rue Félix Faure
F-59350 Saint-André-lez-Lille
06. 24. 93. 05. 86
lille@peau-a-peau.be

Peau à Peau Ile de France
88-90 rue de la Villette
F-75019 Paris.
paris@peau-a-peau.be.
antony@peau-a-peau.be

Peau à Peau Ouest
8 rue du Bocage
F-35235 Thorigné Fouillard

- à Auray et Vannes : 06 60 87 18 77 auray@peau-a-peau.be
- à Nantes et St Nazaire : 06 12 25 35 11 nantes@peau-a-peau.be
- à Rennes : 02 99 04 53 66 rennes@peau-a-peau.be
- à St-Brieuc : 02 96 71 13 80 stbrieuc@peau-a-peau.be
- dans l'Orne et le Perche : 02 33 34 01 48 leperche@peau-a-peau.be

Peau à Peau Rhône-Isère
06 73 94 37 03

- lyon@peau-a-peau.be
- grenoble@peau-a-peau.be

Peau à Peau dans le Sud
181 chemin des Grottes
F-06370 Mouans-Sartoux.
cannes@peau-a-peau.be

Autres associations pour apprendre le portage

L'arbre à bébés
02 48 75 79 38
larbreabebes@free.fr
www.larbreabebes.org

Alternatif concept
8 rue Lambert
F-13109 Simiane-Collongue
06 86 16 01 98
lanatrets@wanadoo.fr

Un bébé au naturel
Place du Puits Clos
Galembrun
F-31330 Launac
06 76 74 42 97
guillemette@bebenaturel.info
www.bebenaturel.info

Coccinelle
10 b chemin de la Naitoure
F-25000 Besançon
06. 80. 89. 80. 03
virginie.signori@wanadoo.fr

La Cause des Enfants
28 rue de la Pierre Monconseil
F-77280 Othis
01 60 03 91 07
lacausedesenfants@neuf.fr
lacausedesenfants.neuf.fr

Centre Naissances
19 boulevard de Magenta
F-75010 Paris.
01 42 00 68 08
centrenaissances@wanadoo.fr
centrenaissances.com/
www.lamaisondupetitenfant.com

Corps-Accords
1 rue Ausone
F-33370 Sallebœuf
06 15 94 06 13
05 56 21 20 03
corpsaccords@aol.com
www.corpsaccords.org

Côté BB
8 route des Grands Moulins
Pérignat
F-01580 Izernore
04 74 76 50 19
cote.bb@wanadoo.fr
www.assocotebb.org

Écofamille
Parents Naturellement
1 allée des Iris
F-60540 Bornel
Tel/Fax : +33 3 44 84 82 11
06 14 88 00 28
ecofamille@wanadoo.fr
www.ecofamille.com

Graine de Vie
Virginie Leblanc
Le bouleau n° 22
F-43150 L'Aussonne
04 71 05 04 93
laetitia.bernard@cegetel.net
www.graine-de-vie.org

La Grande Ourse
Le Bourg
F-71190 La Tagnière
Tél./fax : 03 85 54 55 36
info@la-grande-ourse.org
www.la-grande-ourse.org

Grandir ensemble
F-85150 Martinet Vendée
Karine 08 75 22 15 72
grandirensemble.asso@wana-doo.fr

Idées pour les parents
idees.parents.free.fr
Tel (rép) : 01 46 74 07 92
idees.parents@free.fr

Le Lien Tissé
- Antenne Rhône Alpes
  Juliette Kuby
  8 rue Couriot
  F-69520 Grigny
  04 78 07 22 14
  06 61 49 04 27
  juliettekuby@free.fr

- Antenne Provence Luberon
  Nancy Moerman Rouyer
  15 Clos des Platanes
  F-13 610 Le Puy Ste Réparade
  04 42 20 73 67
  lien.tisse@wanadoo.fr

Mama Luna
Clothilde Walenne
56 rue de Paris
F-93100 Montreuil
Tel. 01 42 87 46 77
lamamaluna@yahoo.fr

Maman Soleil
Astrid Chouteau
2 Place de la Chapelle
F-49380 Faveraye-Mâchelles
02 41 74 20 07
mamansoleil@wanadoo.fr
mamansoleil.monsite.
wanadoo.fr/

Maternature
18 rue du Pâquis
F-70360 Rupt sur Saône
03 84 92 75 18
maternature@laposte.net

Ma Terre Née
Le Mesnil Bénard
F-76680 Saint-Saens
02 35 60 49 35
06 18 36 28 82
materrenee@yahoo.fr
www.materrenee.com

Matern' et Lait
2 Hameau du Bois Martel
F-76430 Graimbouville
02 35 20 09 65
maternetlait@hotmail.fr

Naître et bien être
Espace associatif de Meythet
4 rue de l'Aérodrome
F-74960 Meythet
06 09 27 83 97
info@naitrebienetre.org
www.naitrebienetre.org

Nature & Bébé
Sandrine Lagarde
7 rue Georges Teissier
F-82000 Montauban
06 60 81 20 76
sandrine@nature-bebe.com
www.nature-bébé.com

Naturellement Bébé
15 rue de Mulhouse
F-94500 Champigny/Marne
01 47 06 37 72
infos@naturellementbebe.com
www.naturellementbebe.com

Naturellement Parents
Marion Lavandier et Séverine
Martial
Riofol
F-42380 St Nizier de Fornas
06 74 00 33 60
contact@naturellement-
parents.com
www.naturellement-parents.com

Naturharmonya
56 avenue Marc de la Haye
F-27100 Le Vaudreuil
02 32 59 46 07
naturharmonya@gmail.com

Parentage 44
Complexe polyvalent
F-44260 Savenay
02 40 56 93 53
claire.poitiers@laposte.net
Agenda sur le site BB Bio:
pageperso.aol.fr/bcbbio/index.
html

Pôle Périnatalité Forez-Velay
(42-Loire)
04 77 50 26 75
perinat.forezvelay@free.fr
http://perinat.forezvelay.free.fr

Porte-bonheur
Signe Roch – Cassis Sarl
4 vieille route de Donnemarie
F-77520 Mons-en-Montois
Fax : 01 60 58 43 03
echarpes@ouvaton.org
www.porte-bonheur.fr

Porter son Bébé
Maison des Associations
15 rue du général Margueritte
F-34500 Béziers
06 60 61 99 84
manu@portersonbebe.com
www.portersonbebe.com

Porter son enfant
82 rue Guer
F-74700 Sallanches
04 50 58 22 02
portersonenfant@cegetel.net
www.portersonenfant.fr (*)

Porter son enfant, tout un art
Réseau Lana France
Guillaume Guérid
18 route de la Chapelle
F-67190 Mollkirch-Laubenheim
03 88 49 00 54
guillaume@monde-de-bebe.com
http://www.porter-bebe.ch

La Ronde des Bébés
3 rue des Suisses
F-75014 Paris
06 20 54 51 43
rondedesbebes@yahoo.fr
rondedesbebes.free.fr/

Vivre et Devenir
Le Moulin
F-49430 Lézigné.
02 41 95 88 12
Bozena et Alain Le Talludec
vivreetdevenir@yahoo.fr

Le Zèbre Zen
Centre Julien
33 Cours Julien
F-13006 Marseille
06 68 58 68 84
contact@lezebrezen.org
www.lezebrezen.org

Suisse

Lana Suisse
Sonnenbergstrasse 19
CH-9036 Grub
071 890 05 08
www.porter-bebe.ch

Luxembourg

Initiativ Liewensufank asbl
20, rue de Contern
L-5955 ITZIG
www.liewensufank.lu/

(*) Ce site répertorie les cours de portage partout en France.

Associations et publications favorables au portage (mais dont ce n'est pas l'objet premier)

Alliance Francophone pour l'Accouchement Respecté
afar@fraternet.org
www.afar.info

Café Zoïde
92 bis quai de la Loire
F-75019 Paris –
01 42 38 26 37
cafezoide@aol.com
www.cafezoide.asso.fr

Institut Co-naître
http://www.co-naitre.net/

Coordination Française pour l'Allaitement Maternel
http://www.coordination-allaitement.org/

L'Enfant et la Vie (trimestriel)
lenfantetlavie.free.fr

La Leche League
- en France : 01 39 584 584
  www.lllfrance.org
- en Belgique : 02/268 85 80
  www.lalecheleague.org/Belgium.htm
- en Suisse :
  www.stillberatung.ch/
- au Luxembourg : homepages.internet.lu/lalecheleague
- au Québec : 1-866-255-2483
  www.allaitement.ca/

Association Mères Kangourou
30 rue de Raoul
F-93140 Bondy.
prev@club-internet.fr

Solidarilait
26 Bd Brune
F-75014 Paris
01 40 44 70 70
www.solidarilait.org/

Réseau des Marraines d'Allaitement Maternel (MDAM)
www.reseau-mdam.org/

Réseau Ressources Parents
Le Clos de Charance
F-05000 Gap
04 92 56 14 01
- Liste de discussion :
  http://fr.groups.yahoo.com/group/Parents_conscients
- Le site de l'association :
  www.lamaisondelenfant.org
- Un blog dédié aux parents :
  www.cdumonteilkremer.com
- www.webzinemaker.com/louves-online/

Observatoire de la Violence Éducative Ordinaire (OVEO)
www.oveo.org

Sites Internet
- Périnatalité :
  www.perinatalite.info
- **Maternage :**
  maternage.free.fr
- **Le portail Naissance :**
  www.naissance.ws

Sparadrap
48 rue de la Plaine
F-75 020 Paris
01 43 48 11 80
sparadrap@wanadoo.fr
www.sparadrap.org

Belgique

Assembl'âges
info@assemblages-asbl.be
www.assemblages-asbl.be/

CIPAP
http://www.cipap.net

Infor-Allaitement
02/242 99 33
infor-allaitement.be

Allaitement-Infos
Rue de la Brasserie 4
B-6061 Montignies-sur-Sambre
071/31 61 16

Graines de Lait
071/74 23 53 – 0496/86 82 45
grainesdelait@peau-a-peau.be
www.peau-a-peau.be

Alter-NativeS
Rue de la Tour Carrée, 339
B-5300 Vezin
0477/47 49 63
contact@alternatives.be
www.alternatives.be

Association Internationale de Massage pour Bébé

http://www.iaim.net/

France • **Association Française de Massage Bébé (AFMB)**
7 rue du Roc de Pézena
F-34070 Montpellier
04 67 12 24 76
afmb@massage-bebe.asso.fr
www.massage-bebe.asso.fr

Belgique • **Association Belge en Massage pour Bébé (ABMB)**
11 rue Somal – B-5004 Bouge
contact@abmbb.be
www.abmbb.be

Suisse • **Association Suisse de Massage pour Bébé (ASMB)**
Chemin de la Scierie
CH-2504 Bienne
asmbch@yahoo.de
www.ch.iaim.net

Québec • **Assoc. Internationale en Massage pour Bébé Canada**
11842 boul. St-Germain
Montréal, Québec, H4J 1Z9
1-877-532-2323
ou 514-332-3368
1-877-532-2323
www.ca.iaim.net/
www3.sympatico.ca/lefebvre.du gre/fl/

Réseaux internationaux et anglophones

Primal Health Research Centre
www.birthworks.org/primal-health.

NINO – Nine In Nine Out
c/o Vijay Berry, 1917 Bibb Store Rd, Louisa, VA 23093, USA.
info@nineinnineout.org
www.nineinnineout.org/

The Rebozoway Project
www.rebozoway.com

The Continuum Concept Network
www.continuum-concept.org

The Mamatotoproject, Inc.
www.mamatoto.org/

The Babywearer
www.thebabywearer.com

Notes

[1] Dumonteil-Krémer C., *Élever son enfant… autrement* – Ressources pour une éducation alternative (préface du Dr Michel Odent), Paris, La Plage, 2003.

[2] Hassenstein Bernhard, Kirkilionis Evelin, “Der menschliche Säugling, Nesthocker oder Tragling ?” *Wissenschaft und Fortschritt,* 42/1992

[3] Nous pouvons, nous aussi, porter nos petits en position fœtale : les pieds sont bien relevés et l’enfant repose sur toute son assise (fesses et cuisses entières). Son corps entier s’équilibre alors par rapport au porteur et il peut se mouvoir allégrement en toute sécurité, qu’il soit positionné latéralement ou face au monde, comme le petit kangourou.

[4] Bergman Nils, “Le contact peau à peau”, *Les Dossiers de l’Allaitement,* HS, numéro spécial 6e Journée Internationale de l’Allaitement, pp. 12-13.

[5] Kirkilionis Evelin, *Ein Baby will getragen sein – Alles über geeignete Tragehilfen und die Vorteile des Tragens,* Kösel, 1999 (Traduction de *Bébé veut être porté*).

[6] L’éthologie humaine est l’étude du comportement des êtres humains dans leur milieu de vie.

[7] Réflexe de Moro.

[8] Bril Blandine, “Culture et premières acquisitions motrices : enfants d'Europe, d'Asie, d'Afrique”, *Journal de Pédiatrie et de Puériculture* 10 (5), 1997, pp. 302-314.

[9] Il semble qu’il faille relativiser le principe selon lequel on attend que l’enfant se mette dans une position de façon spontanée plutôt que de le mobiliser. Peut-être faudrait-il distinguer les postures vécues seul, acquises au fil de l’évolution motrice autonome de l’enfant, des postures expérimentées à l’occasion d’un contact étroit avec un porteur, *a fortiori* lorsqu’un porte-bébé épouse les formes des corps et offre un soutien bien réparti.

[10] Manns Anja, Schräder Anne Christine, “Ins Leben tragen – Entwicklung und Wirkung des Tragens von Kleinstkindern unter sozialmedizinischen

und psychosozialen Aspekten", *VWB,* Beiträge zur Ethnomedizin, Band 1, Berlin, 1995, p. 36.

[11] Le programme NIDCAP (Newborn Individualized Developmental Care and Assessment Program) propose, entre autres, un ensemble de manipulations des prématurés qui favorise, chaque fois que possible, le rassemblement de leurs quatre membres afin qu'ils se sentent en sécurité.

[12] Corman Albert, Raulier H., de Frahan Marie, "De la naissance à la marche, Le développement psychomoteur de l'enfant tel que représenté dans les formations pour les psychomotriciens et le personnel de la petite enfance", asbl Étoile d'herbe, Bruxelles, 2004, pp. 47-48 (Tél. +32 (0)2 534 45 34).

[13] La culture ambiante nous pousse à offrir à nos bébés un espace personnel (chambre et lit spécifiques, poussette). Nous montrons ainsi que nous avons les moyens de subvenir à leurs "besoins" ! Mais de quels besoins s'agit-il ? De besoins fondamentaux ou de "besoins matériels" qui n'ont rien à voir avec ce qui peut en faire des bébés heureux ? Nous veillons à leur procurer un support "bien plat" pour dormir, mais ce matelas est souvent trop dur pour le dos qui n'est pas prêt à être déroulé à la naissance.

[14] Par exemple, le "cradleboard", support en bois pour bercer bébé, porté sur le dos par les Amérindiennes d'Amérique du Nord. Le bébé y fait ses premières expériences de la vie, emmailloté et attaché à un support plat qui sera tantôt bercé, dressé, porté…

[15] Blom Ria, *Inbakeren brengt rust – Een handleiding voor het inbakeren van je kind,* Weleda Nederland NV, 1998.

[16] Par exemple lorsqu'un enfant est confié par sa mère à un hôpital à la naissance et y séjourne avant d'être transféré en pouponnière ou en famille d'accueil.

[17] Odent Michel, *L'amour scientifié,* Les mécanismes de l'amour, Éditions Jouvence, 1999, p. 65.

[18] Klaus Marshal et Klaus Phyllis, *La magie du nouveau-né*, Albin Michel, La Cause des bébés, 2000, p. 132.

[19] Maurer Willi, *Mère et bébé l'un contre l'autre,* Du processus d'attachement à l'appartenance sociale, Éditions Le Souffle d'Or, 2004, pp. 32-33.

[20] Patricia Duvaux, animatrice, fondatrice de Peau à Peau Nord-Pas-de-Calais.

[21] L'enfant et sa famille doivent rencontrer certains critères. L'enfant ne doit présenter aucune pathologie grave ; il prend du poids dans l'incubateur sans gavage, a un réflexe de succion et possède une bonne coordination succion-déglutition. La famille, formée au préalable, doit être capable d'appliquer la méthode Kangourou et assister aux rendez-vous fixés, ce qui nécessite motivation, rigueur et disponibilité (cf. Charpak N., de Calume Z., Hamel A., *La méthode kangourou,* Comment les mères des enfants prématurés se substituent aux couveuses, ESF, Paris, 1996).

[22] Charpak Nathalie, *Bébés kangourous – Materner autrement,* Odile Jacob, 2005, pp. 17-18.

[23] Bergman Nils, *op. cit.,* p. 16.

[24] Vauclair Jacques, *Développement du jeune enfant. Motricité, perception, cognition,* Paris : Belin, 2004.

[25] Stork Hélène, *Introduction à la psychologie anthropologique,* Armand Colin/HER, Paris, 1999.

[26] Klaus Marshal et Klaus Phyllis, *op. cit.,* p. 47.

[27] Liedloff Jean, *Le concept du continuum. À la recherche du bonheur perdu,* Éditions Ambre, 2005.

Maurer Willi, op. cit., p. 83/84, nous fait part de sa lecture de Liedloff :

« Les Yequanas semblent avoir de la nature humaine une connaissance qui nous fait défaut. Ils savent qu'un petit enfant peut apprendre de lui-même et possède une compétence innée. L'adulte s'occupe de ses affaires et laisse l'enfant trouver son propre chemin dans la vie. Liedloff ajoute que dans nos civilisations, les adultes commettent l'erreur d'interrompre leurs activités pour essayer de comprendre ce que l'enfant attend d'eux et que cette expectative provoquerait une sorte de "court-circuit". L'enfant se met alors à tester la solidité de l'adulte. Les Yequanas ont le bonheur de ne pas connaître ces sortes de tensions. »

[28] Bril Blandine, *op. cit.*

[29] Bril Blandine, "Rôle de la 'niche de développement' sur les expériences précoces de l'enfant – Une étude comparative : France-Mali", *Revue de Médecine Psychosomatique,* 37/38, 1994, pp. 134-135.

[30] Stork Hélène, *op. cit.*

[31] Small Meredith F., *Our Babies, Ourselves – How Biology and Culture Shape the Way We Parent,* Anchor Books, 1999.

L'ethnopédiatrie s'intéresse aux pratiques d'éducation des bébés et des enfants à travers les cultures et à la façon dont les différents styles de parentage affectent la santé physique et émotionnelle des bébés. Des pédiatres, des chercheurs spécialisés dans le développement de l'enfant et des anthropologues contribuent à la recherche en la matière.

[32] Hedberg Nyqvist K., "Allaiter l'enfant prématuré ou malade", Les Dossiers de l'Allaitement, HS, numéro spécial 6e Journée Internationale de l'Allaitement, pp. 2-9.

[33] Buckley S., "Byron Child", N° 4, Dec 2003, pp 23-5 – http://www.sarahjbuckley.com/.

[34] Une éducation de type proximal offre des contacts physiques quasiment continus : endormissement et sommeil accompagné, repas pris contre le corps de l'adulte, jeu et apprentissages effectués sur le corps de la mère, qui vaque par ailleurs à ses occupations.

[35] Roques Nathalie, *Allaitement maternel et proximité mère-bébé, Mille et un bébés*, Éditions Erès, 2003, 128 p.

[36] Survie, vie, épanouissement… Que recherchons-nous ? Actuellement, les bébés survivent aussi sans être portés. Le bien-être est, paradoxalement, rendu plus facilement accessible chez nous grâce à une pratique qui en d'autres temps chez nous et encore actuellement en d'autres lieux, garantissait la survie des enfants : le portage.

[37] Bril Blandine, *op. cit.,* p. 145.

[38] Stork, *op. cit.*

[39] Odent Michel, *Le fermier et l'accoucheur : l'industrialisation de l'agriculture et de l'accouchement,* Médicis, Paris, 2004, pp. 15-16.

[40] Bril Blandine, *op. cit.*

[41] Stork Hélène, *op. cit.,* pp. 82-83.

[42] Ingrid Bayot, formatrice à l'Institut Co-naître, utilise cette belle image dans ses formations.

[43] Montagu Ashley, *La peau et le toucher, un premier langage,* Paris, Seuil, 1979, pp. 14-16.

[44] Le système vestibulaire nous informe sur la position de la tête dans l'espace et les accélérations angulaires et linéaires auxquelles nous sommes soumis. Il participe essentiellement à l'équilibration en contrôlant et en coordonnant les mouvements réflexes de la tête, du cou, du tronc et des yeux. Il existe deux sortes d'équilibre : l'équilibre statique : maintien de la position du corps, en particulier celui de la tête, par rapport aux forces de gravité ; l'équilibre dynamique, en particulier celui de la tête en réponse à des mouvements de rotation, d'accélération et de décélération soudains (source : Cours Système vestibulaire, Dr C. Ferber Viart – http://lyon-sud.univ-lyon1.fr/P2/Cours_Systeme_Vesti.htm).

[45] Michel Odent, in : Herbinet Etienne et Busnel Marie-Claire, *L'aube des sens,* (ouvr. coll.), Éditions Stock, Paris 1981, pp. 295-297.

[46] Odent Michel, *L'amour scientifié, op. cit.,* p. 29.

[47] www.simplicitevolontaire.org

[48] Small Meredith, *op. cit.,* p. 174.

[49] Bergman Nils, *op. cit.,* pp. 12-13.

[50] Liedloff Jean, *op. cit.*

[51] Maurer Willi, *op. cit.,* pp. 46-47.

[52] Klaus Marshal et Klaus Phyllis, *op. cit.,* p. 82.

[53] Corman Alber, Raulier H., de Frahan Marie, *op. cit.,* pp. 47-48.

[54] Aux États-Unis où l'ASL (American Sign Language) est la 3e langue la plus utilisée. De très nombreuses familles entendantes signent avec leurs enfants dans le but de communiquer avec eux en attendant qu'ils apprennent à parler. Les premiers signes apparaissent autour de 8 mois, les premiers mots autour de 16 mois. La communication par signes sert à couvrir ce laps de temps où les enfants ont bien des choses à nous dire, mais n'ont pas encore atteint la motricité fine nécessaire pour s'exprimer oralement (source : Nathanaëlle Bouhier-Charles).

[55] Klaus Marshal et Klaus Phyllis, p. 115.

[56] Hunziker U.A., Barr Ronald G., "Increased Carrying Reduces Infant Crying : A Randomized Controlled Trial", *Pediatrics,* Vol. 77, p. 641-648, N° 5, May 1986. Lorsque les bébés étaient portés deux heures par jour, on a constaté une diminution de 51 % des épisodes de pleurs en soirée.

[57] Sur le site www.violence.de, vous trouverez des textes en anglais, des traductions et des films sur les origines de la paix et de la violence – la privation de tendresse physique en tant que cause principale de dépression, d'agression et de consommation de drogue. Les travaux de John Bowlby, Harry Harlow et James W. Prescott y sont présentés. Une liste de discussion, "peacelist", dédiée à l'éducation à la paix et à la recherche pour la paix y est proposée. En lien avec le mouvement "NoSpank" contre la fessée.

[58] Bril Blandine, "Culture et premières acquisitions motrices", *op. cit.*

[59] Il est probable qu'un portage "bercé" (où bébé est porté dans une poche comme un petit porté plutôt passif, bien que probablement pas totalement

passif, par exemple le kangourou) stimule également la musculature de l'enfant, bien que différemment d'un mode de portage où il s'accroche et où il est pleinement actif. On rencontre une multitude de traditions à ce niveau (Small Meredith, *op. cit.,* p. 82 ; note chapitre 3, n° 19 : Zelazo et al., 1972 ; Konner, 1973 ; Bril Blandine, "Culture et premières acquisitions motrices", *op. cit.)*

[60] Wilhelm Petra, "Votre écharpe porte-bébé – Mode d'emploi Storchenwiege : Wir wollen unsere Kinder tragen und nicht ertragen."

[61] On ne propose pas à un bébé prématuré d'écarter les jambes comme on le fait avec un bébé né à terme. On veille juste à écarter très légèrement ses cuisses de l'axe vertical.

[62] Büschelberger J., "Das Tragetuch – eine Möglichkeit zur Wiederherstellung des biologisch vorgegebenen Verhaltens bei der Pflege von Neugeborenen, Säuglingen und Kleinstkindern", article proposé sur le site www.didymos.de.

[63] La position grenouille contribue au développement harmonieux du bassin et des hanches de l'enfant. À la naissance, en cas de dysplasie de la hanche, les os de la hanche ainsi que leurs cartilages ne sont pas suffisamment rigides. La cavité qui reçoit le col du fémur et celui-ci ne sont pas suffisamment emboîtés l'un dans l'autre. La tête du fémur peut donc sortir de sa cavité, ce qui entraîne une distorsion et/ou une malformation des ligaments qui entourent l'articulation. L'abduction des hanches (c'est-à-dire le soutien des jambes en position écartée) cale la tête du fémur au fond de la cavité dans l'os du bassin. Il suffit de bien veiller à cette abduction pendant quelques mois, le temps que le cartilage se développe et se renforce, puis la tête du fémur ne sortira plus de l'articulation (c'est similaire au fonctionnement des rotules de direction d'une voiture).

[64] Fettweis Ewald, *op. cit.*

[65] Fettweis Ewald, *op. cit.*

[66] Kirkilionis Evelin, *op. cit.*

[67] Fettweis Ewald, *op. cit.,* p 40 : *« Portez votre enfant ! On ne le dira jamais assez : le portage sur le corps des parents offre les conditions optimales pour le développement ou la prévention des problèmes de hanche chez le nouveau-né – cuisses relevées et genoux pliés, avec une ouverture modérée, en empêchant l'extension des jambes au niveau des hanches. »*

[68] Le Dr Fettweis déconseille d'étirer les hanches des bébés en allongeant leurs jambes, par exemple dans un porte-bébé qui laisse pendre les jambes, ou encore couchés sur le ventre sur un support. Couché sur le dos, s'il n'a pas été souvent couché sur le ventre, l'enfant replie spontanément les jambes vers lui. L'allonger prématurément peut lui faire perdre cette capacité et occasionner un problème qui n'existait pas à la naissance.

[69] Liliane Schaner, présidente d'Infor-Allaitement : www.infor-allaitement.be

[70] Thirion Marie, "Tenir la tête du bébé trop fermement peut poser problème". *« Cette position […] entraîne un fléchissement de la tête en avant, ce qui gêne la succion et la déglutition, donc l'efficacité de la tétée ; elle peut aussi faire mal au bébé si sa tête a été endolorie par une naissance difficile (au forceps, par exemple) ; au pire, elle peut créer un refus des tétées. »* (source : www.santeallaitementmaternel.com).

[71] Thirion Marie, *ibid.*

[72] Thirion Marie, *ibid.*

[73] Bril Blandine, "Rôle de la 'niche de développement' sur les expériences précoces de l'enfant, *op. cit.,* p. 129.

[74] Ce portage bas dans le pagne est bien adapté aux travaux de la terre. Il sera difficile de passer un manteau ou une cape autour de l'adulte et de l'enfant sans enfouir la tête de ce dernier.

[75] Traduit de Van Hout I. C., *Lieve lasten, Hoe kinderen gedragen worden,* Amsterdam, Tropenmuseum-Koninklijk Instituut voor de Tropen, 1993, pp. 87-90.

[76] Siegrist Delphine, "Oser être mère : maternité et handicap moteur", Assistance Publique-Hôpitaux de Paris, 2003. Informations pratiques pour permettre aux femmes ayant une déficience motrice de mener à bien une grossesse : du désir d'enfant au retour à la maison.

[77] Un dossier très complet sur l'utilisation du hamac à boucles, en anglais, dans : Sears William and Martha, *Babywearing : The Art and Science of Carrying Your Baby, The Baby Book : everything you need to know about your baby from birth to age two,* Little, Brown and Company, 1993, pp. 262-292.

[78] La partie rembourrée passant sur l'épaule sera, suivant les modèles, simple ou double. Si vous aimez vous couvrir largement l'épaule et le haut du bras, retournez le hamac : vous pourrez peut-être séparer les bords du coussin de rembourrage et le déployer plus largement sur votre épaule. Pour réduire la largeur du coussin sur votre épaule et pour que les bords de celui-ci ne soient pas repliés par-dessous, vous pouvez les joindre par une petite couture.

[79] Pour adapter un hamac rembourré de grande taille à une personne de petite ou moyenne corpulence, on peut retirer du rembourrage dans les bords placés juste avant la patte de réglage, sur une longueur de 10 cm. environ.

[80] Il serait intéressant pour ces parents de trouver un moyen de régler ce type de porte-bébé vers le haut avec les dents.

[81] www.solarveil.com : ce site vous renvoie vers divers fabricants de porte-bébés confectionnés dans cette matière.

[82] Il existe des écharpes tissées en simple toile, en sergé simple ou en jersey très fin, plus étroites. Elles sont plus ou moins douces sur la peau, confortables pour une durée moindre que les écharpes tissées en sergé croisé. Elles vous permettront de découvrir le portage en écharpe, mais pas d'explorer toutes ses possibilités, notamment dans la durée et en suivant l'évolution de la taille et du poids de l'enfant. Dans la toile, le tissage est perpendiculaire, fin, peu élastique et souvent raide. Les sergés présentent des sillons obliques qui traversent toute la largeur de l'étoffe. Ces sillons sont déterminés par le croisement des fils avec la trame. La chaîne ou la trame flottent sans être liées pendant une certaine longueur. Les sergés formés d'un seul flotté et d'un seul liage se nomment sergés simples. Les sergés composés sont formés de plusieurs flottés et liages. Les variantes sont nombreuses. Les sergés croisés sont les seuls à ne pas avoir d'envers, ce qui s'obtient en faisant répéter les flottés et les liages d'une manière égale sur les deux faces du tissu (source : www.memotextile.free.fr).

[83] Le croisé simple non réglé après installation du bébé laisse peu à peu descendre le bébé sur le ventre de la mère, qui se cambre et relâche son périnée, ce qui peut entraîner des désagréments divers, des fuites urinaires entre

autres. Il est donc recommandé, en dehors des variantes "allaitement", bébé descendu droit face au sein et décalé sur un côté puis sur l'autre ou incliné sur le côté, de porter bébé très haut, pour prendre soin du dos du porteur. Après une césarienne, la cicatrice peut être douloureuse pendant plusieurs semaines. Bébé sera alors porté le temps jugé nécessaire par la maman la tête posée dans son cou.

[84] La position assise face au monde jambes sorties et soutenues par le porteur assis (pour partager un repas de façon conviviale, faire de la balançoire ou s'asseoir dans les transports en commun) est agréable tant que l'on est assis. Quand on se lève, les hanches de l'enfant ne sont plus soutenues. Il convient alors de les rentrer en position Bouddha, les pieds bien relevés.

[85] Pratiquée dans les années 90 avec une écharpe de 4,10 m pour les personnes de corpulence moyenne, la position du croisé simple est à présent généralement enseignée à l'aide d'une écharpe de 4,60 m (5,20 m pour les personnes plus grandes et plus corpulentes). Pourquoi ? La technique du croisé simple avec une boucle dans le dos et un nœud sur le côté a peu à peu laissé la place à la technique du croisé simple avec un nœud devant.

[86] Plus précis dans le réglage et plus confortable que le croisé simple, il semble engendrer moins de cambrure chez le porteur.

[87] Une question se pose par rapport aux bébés qui étaient en siège pendant la grossesse : aimeront-ils retrouver cette position ?

[88] Les enfants sont portés de la naissance à 4 ans environ dans l'Amautik ou "manteau de maman". L'enfant est porté en peau à peau contre sa mère dans une poche située à l'arrière du manteau. L'Amautik est transmis par les femmes de génération en génération. Sa structure et le travail de couture en trois dimensions qu'il requiert est un magnifique exemple de savoir-faire textile. L'Amautik est et devrait être respecté en tant que propriété intellectuelle du peuple Inuit (source : http://www.hipbundles.com/amautik.htm).

[89] Bril Blandine, "Culture et premières acquisitions motrices", *op. cit.,* p. 311.

[90] http://cododo.free.fr/

[91] Odent Michel, *L'amour scientifié.* Les mécanismes de l'amour, Genève, Éditions Jouvence, 1999.

[92] *The effect of culture,* pp. 308 et 322, cité dans la version française de *La peau et le toucher,* d'Ashley Montagu, Éd. Seuil, traduction française parue en 1979, p. 214.

[93] *Ibid.,* p. 216.

[94] Maurer Willi, *op. cit.,* p. 50 : *« Reconnaître dans le regard et la tendre attention de la mère que l'on est un être unique et digne de tout son amour (phénomène de réflexion). »*

[95] Terme français dont l'équivalent belge est infirmière pédiatrique.

[96] Témoignage oral recueilli par Edith Thoueille.

[97] Diderot Denis, "Lettre sur les aveugles à l'usage de ceux qui voient", extrait des *Œuvres de Denis Diderot,* Bibliothèque de la Pléiade, Éditions Gallimard, 1951.

[98] Centre d'Information, de Prévention et d'Accompagnement de la Prématurité asbl – www.cipap.net.

[99] Kenner, C. McGrath J.M. (Eds), *Developmental Care of Newborns and Infants, A Guide for Health Professionals,* St. Louis, MO. Mosby, Inc. 2004

[100] Sur le portage des enfants trisomiques, on lira un article en allemand sur le site www.didymos.de.

[101] Terme belge pour orthophoniste.

[102] Association de parents d'enfants trisomiques 21 (APEM) – Informations : apem@wanadoo.be

[103] *« Hospitalisme : état d'altération physique grave qui s'installe progressivement chez le très jeune enfant suite à une carence affective importante tandis qu'il est placé en institution. [...] Les études de Spitz sur cette pathologie ont entraîné de profondes réformes dans l'hospitalisation des nourrissons ainsi que dans celle des mamans (mise en place des hospitalisations mère-enfant, par exemple). »* (source : http://psychiatriinfirmiere.free.fr/definition/hospitalisme/hospitalisme-theorie.htm).

[104] Nous aurions bien besoin d'études sur le sujet.

[105] Catherine, une maman passée par le service de pédiatrie de l'hôpital d'Auvelais.

[106] Expression proposée par Sandrine Fraikin, que l'on trouve aussi chez Ingrid Bayot dans le contexte de l'allaitement.

[107] À la crèche À Petits Pas à Lille, l'équipe a participé au portage en écharpe de quatre enfants sur une population de 23 enfants inscrits, de septembre 2002 à juin 2004.

[108] Les bébés restent environ deux ans à la crèche. Durant cette période, chaque enfant a deux référentes, soit deux auxiliaires qui s'occupent plus particulièrement de lui pendant ses premiers mois. Ce sont elles qui vont le changer, le coucher, le nourrir, jusqu'à ce que, petit à petit, il s'intègre au groupe.

[109] L'allaitement était poursuivi quelques mois ou plus après la reprise du travail des mamans.

[110] Les enfants n'ont pas été systématiquement portés sur le dos. Le choix de la position a été fait en fonction de l'âge de l'enfant, ainsi que des techniques maîtrisées par le personnel. Mahaut, arrivée en crèche à quatre mois, fut la première a être portée au sein de l'équipe, sur le ventre. L'équipe a appris à porter sur le dos avec Emeric, arrivé à sept mois. Eliette, arrivée toute petite, a été tout de suite portée sur le dos. La quatrième enfant fut portée de façon occasionnelle.

[111] Caroline a introduit le hamac porte-bébé, un Porte-CâLLLin, à la halte garderie et à la crèche en 1997. Tous les petits en adaptation étaient bercés dans le hamac et y recevaient leur biberon avant la sieste dans leur lit. Caroline ne serrait pas le hamac contre elle ; au contraire, elle laissait la poche assez large. L'enfant ne se trouvait dès lors pas réellement en contact avec le porteur. Certains parents étaient satisfaits de la démarche et d'autres moins : ils craignaient que leur enfant ne prenne de mauvaises habitudes.

[112] Blandine Bril a pu observer avec ses collaborateurs que les traditions de puériculture du Mali, par exemple, sont partiellement reproduites en situation d'émigration en région parisienne. Les mères qui ont accouché au pays, entourées d'anciens, reproduisent plus les traditions ancestrales que celles qui sont devenues mères loin du pays d'origine, uniquement entourées de personnes de leur génération. Vidéo : Zack Martine, Vie de l'enfant bambara en situation de migration, film de 18 min., 1989.
http://www.ehess.fr/centres/grac/index.html.

[113] Modèle de hamac porte-bébé fermé par un clips, équipé de sangles destinées à régler des bords d'une poche très profonde.

[114] Modèle de hamac porte-bébé rembourré se réglant à l'aide d'une patte passant dans deux boucles, pratique pour allaiter et réaliser diverses positions de portage asymétrique de zéro à 3-4 ans environ, voire plus.

[115] "La permanence de la personne. Le progrès cognitif dans la compréhension que les objets ont une existence à eux, séparément de la perception sensorielle immédiate est maintenant librement appliqué aux personnes.", in Brazelton T. Berry et Greenspan Stanley I., "Point forts à neuf mois", extrait de *Ce qu'un enfant doit avoir,* Éditions Stock, 2001, p. 276.

[116] *Ibid.*

[117] Sparadrap (voir adresses utiles) est *« une association pour aider les familles et les professionnels quand un enfant est malade ou hospitalisé » - « parce que c'est pas du jeu d'être malade ».*

[118] Charpak N., *Bébés kangourous - Materner autrement,* Paris, Odile Jacob, 2005, p. 43.

[119] Nathanaëlle Bouhier-Charles.

[120] "À child who is embraced frequently in the early years of life learns to develop intimacy skills", Peter Favaro, Ph.D., psychologue de l'enfant et auteur du livre *Smart Parenting,* Contemporary Books, 1995.

[121] www.pekip.de

[122] Bril Blandine, "Culture et premières acquisitions motrices", *op. cit.,* p. 304.

[123] L'association La Ronde des Bébés a été créée en juillet 2003 et est active dans le 14e arrondissement de Paris (cf. adresses utiles).

[124] www.assemblages-asbl.be/

[125] Ce travail se fait en partenariat avec les équipes soignantes des maisons de repos, ergothérapeutes, psychologues. On veille à maintenir l'équilibre entre enfants (3 à 8 bébés) et adultes (16 personnes). Lors des activités dans les écoles, la présence est modulée différemment: des instituteurs du primaire sont présents, ainsi que des enfants de 2 ans et demi à 12 ans, non accompagnés de leurs parents.

[126] Epstein Jean, Radiguet Chloé, *L'explorateur nu, Plaisir du jeu, Découverte du monde,* Éditions universitaires, 1982.

[127] Field T., *Les Bienfaits du Toucher,* Paris, Payot, 2003, pp. 51-52.

[128] Anne Dufour, auteur d'un petit pratique *Massages* (en collaboration avec Alix Leduc), Éditions Hachette. Extrait d'un article sur:
http://www.vivre100ans.fr/rester_en_forme/corps/soins_massages_1.htm

L'amour scientifié

Les mécanismes de l'amour

Michel Odent

De la naissance à la tétée, des premiers câlins aux balbutiements partagés avec ses parents, l'enfant a nombre d'occasions de s'attacher à son entourage. Eh oui, aimer, ça s'apprend… dès le berceau !

176 pages • 14,80 € / 25 CHF

Anthologie de l'allaitement maternel

Claude-Suzanne Didierjean-Jouveau

Un florilège de textes exprimant avec émotion les moments de la vie les plus précieux : la rencontre entre la mère et son enfant, les bienfaits de l'allaitement, les premiers échanges…

144 pages • 14,50 € / 25 CHF

Dépôt légal : février 2006
IMPRIMÉ EN FRANCE

Achevé d'imprimer le 7 mars 2007
sur les presses de l'imprimerie « La Source d'Or »
63200 Marsat
Imprimeur n° 11660

*Dans le cadre de sa politique de développement durable,
La Source d'Or a été référencée IMPRIM'VERT®
par son organisme consulaire de tutelle.
Cet ouvrage est imprimé - pour l'intérieur -
sur papier offset "Tauro" 90 g
des papeteries M-Real, dont les usines ont obtenu
la certification environnementale ISO 14001
et opèrent conformément aux normes E.C.F. et P.E.F.C. (55 %).*